新世纪农村普法读本

依法治国之送法下乡

农村土地流转与
不动产登记法律指南

—— （案例应用版） ——

路　正◎著

中国政法大学出版社

2015·北京

依法治国之送法下乡丛书编委会

专家顾问

冯晓青（中国政法大学教授，博士研究生导师）

李永军（中国政法大学教授，博士研究生导师）

李显冬（中国政法大学教授，博士研究生导师）

来小鹏（中国政法大学教授，博士研究生导师）

张　楚（中国政法大学教授，博士研究生导师）

隋彭生（中国政法大学教授）

房保国（中国政法大学副教授）

吴丹红（中国政法大学副教授）

编委会成员

前　言

提起三农问题，想必农民朋友们肯定不会陌生，近些年来，中央每年都以"一号文件"的形式重点强调三农问题的重要性，涉及农村、农业、农民的重大发展。说起农民朋友最为关心的东西，那就非土地莫属了。中国人讲究一个"根"字，而土地作为万物孕育生命的载体，在老百姓的心中更是拥有不可替代的作用，有土地就意味着有希望，只要勤劳耕作，就不会忍饥挨饿。早年间，农民朋友的衣食住行等几乎所有的生活来源都仰仗着自家的一亩三分地，近些年来，随着我国城市化速度的不断加快，大量务工人员向城市转移，虽然在一定程度上导致了农村留守人员的匮乏、农村劳动力的短缺，但在另一方面，农民朋友通过多种土地流转的方式，将土地流转给他人种植，不仅摆脱了过去对土地极强的依赖，更为我国农业机械化大生产带来了契机。

我国农村土地流转问题是历届中央政府都极为重视的问题，土地流转的方式直接牵动着每一名农民的利益，同时也深刻影响着我国城乡一体化的进程。如何进行流转、流转都有哪些条件等等这些问题都必须通过制定法律法规来进行规范。随着土地管理法律法规的不断完善，我国土地流转市场可谓愈加成熟，与此同时，也引发了越来越多的土地流转纠纷，这些纠纷不仅影响农村社会的稳定和谐，也严重拖累了我国农村经济的发展。咱们农民朋友平日里可能只是忙于劳作，对于土地流转方面的法律法规并不是很熟悉，一旦发生纠纷，也不知道该找谁去解决纠纷，有些多年友好的邻里，因为貌似不起眼的土地纠纷就有可能结下梁子，搞得谁都不愉快。类似的现象在广大农村地区屡见不鲜，农村社会本来就是一个抬头不见低头见的熟人社会，发生纠纷会严重影响农民朋友的利益。为了让农民朋友对土地流转有一个更加明了的认识，我们编写此书。

本书语言通俗易懂，相关的法律问题农民朋友们一看便知。我们运用案例解答的形式，将土地流转过程中最常遇见的问题以及纠纷呈现给读者，每个问题都会给出详细的解答，我们结合近年来国家出台的最新的法律以及司法解释，紧跟国家关于三农问题的政策，做到与时俱进地解决问题。

在本书的第二篇，我们增加了不动产登记方面的内容，这并不是一时心血来潮，不动产登记其实也和我们农村不动产有着非常密切的关系，加之我国最近出台了《不动产登记暂行条例》，该条例可谓是千呼万唤始出来，对于我国不动产登记以及物权的维护都有着极为重要的意义。不动产登记不仅关乎城市不动产的确权以及交易，我国广大农村地区对于不动产登记条例的渴望也是非常大的，农村地区房屋的归属、土地的确权问题同样需要类似不动产登记条例的法律法规来进行规范。《不动产登记暂行条例》出台之前，我们遇到不动产登记方面的纠纷，只能寄希望于民法以及物权法，但它们对不动产登记方面的规定只是一个框架或者大方向的指引，具体如何进行操作还是需要国家出台细则或者条例。《不动产登记暂行条例》的出台就很好地弥补了这方面的不足。

　　《不动产登记暂行条例》将于今年 3 月份正式实施，我们增加不动产登记这一部分，就是为了让读者提前了解这个暂行条例，以避免今后发生不必要的纠纷。本书中所引用的法律法规以及问题解答方式可能略显粗糙，如有纰漏，还请广大读者谅解并及时指正。

路正
2015 年 1 月于北京

目 录

第二篇

不动产登记

第三篇
不动产登记条例及答记者问

第一篇 土地流转

1　土地流转是什么？

2008 年 3 月，浙江金华琅琊镇上盛村实施土地流转承包，化荒田为农场，把原来的小农经济转变成合作社经营。上盛村的田园果蔬合作社把上盛村和周边村里许多外出务工者和老人手中的闲置田地租赁过来，然后通过与农户签订土地流转合同，扩大了经营规模。合作社现已和 100 多户农户签订土地租赁合约，租赁土地约 520 余亩，种植早稻、甜玉米、辣椒等农作物，预计在几年内，合作社蔬菜果园的面积要扩展到 1500 亩~2000 亩。生产面积的扩大，需要更多的劳动力，所以，村民除了每年能拿到的固定的土地流转收益外，还能在合作社当务工，每月大概能获得 1000 元以上的工资。

公开资料显示，在浙江实践的土地流动、组合、价格都由市场机制自行调节，政府只担当中介人的角色，并强调服务功能，及时了解土地流转意向、对接双方供需、积极招商引资、规范流转手续等，并出现了相应的市场机构。在绍兴县，土地信托服务中心应运而生；在衢县，土地返租倒包、转包、租赁经营、股份合作及"土地银行"等多种流转形式纷纷出现。

法津分析

土地流转是指土地使用权流转；土地使用权流转，是指拥有土地承包经营权的农户将土地经营权（使用权）转让给其他农户或经济组织，即保留承包权、转让使用权。农村土地流转其实是一种通俗和省略的说法，全称应该为农村土地承包经营权流转。也就是说，在土地承包权不变的基础上，农户把自己承包的村集体的部分或全部土地，以一定的条件流转给第三方经营。

可以通过转包、转让、入股、合作、租赁、互换等方式出让经营权，鼓励农民将承包地向专业大户、合作社等流转，发展农业规模经营。

1. 土地互换。互换土地，是农村集体经济组织内部的农户，为方便耕种和各自的需要，对各自土地的承包经营权进行的简单交换，是促进农村规模化、产业化、集约化经营的必由之路。

30 年前，中国农村实行土地联产承包责任制，农民分到了土地。但由于土地肥瘦不一，大块的土地被分割成条条块块。划分土地时留下的种种弊病，严重制约着生产力的发展和产量的提高。如何让土地集中连片，实现规模化、集约化经营，互换这种最为原始的交易方式至此开始进入农民视野。

2. 土地出租。在市场利益驱动和政府引导下，农民将其承包土地经营权出租给大户、业主或企业法人等承租方，出租的期限和租金支付方式由双方自行约定，承租方获得一定期限的土地经营权，出租方按年度以实物或货币的形式获得土地经营权租金。其中，有大户承租型、公司租赁型、反租倒包型等。关键是如何保证其合法性，让双方心里都踏实。

3. 土地入股。入股，亦称"股田制"或股份合作经营，是指在坚持承包户自愿的基础上，将承包土地经营权作价入股，建立股份公司。在土地入股过程中，实行农村土地经营的双向选择

（农民将土地入股给公司后，既可继续参与土地经营，也可不参与土地经营），农民凭借土地承包权可拥有公司股份，并可按股分红。该形式的最大优点在于产权清晰、利益直接，以价值形态形式把农户的土地承包经营权长期确定下来，农民既是公司经营的参与者，也是利益的所有者，是当前农村土地流转机制的新突破。

4. 宅基地换住房，承包地换社保。以重庆为例，国家批准为统筹城乡综合配套改革试验区后，在土地改革领域率先进行大胆探索，创造了土地流转的九龙坡模式，即宅基地换住房、承包地换社保。也就是说，农民放弃农村宅基地，宅基地被置换为城市发展用地，农民在城里获得一套住房。农民放弃农村土地承包经营权，享受城市社保，建立城乡统一的公共服务体制。

5. "股份＋合作"。中国山东省宁阳县探索土地承包经营权流转新机制，建立起"股份＋合作"的土地流转分配方式。这种模式是，农户以土地经营权为股份共同组建合作社。村里按照"群众自愿、土地入股、集约经营、收益分红、利益保障"的原则，引导农户以土地承包经营权入股。合作社按照民主原则对土地统一管理，不再由农民分散经营。合作社挂靠龙头企业进行生产经营。合作社实行按土地保底和按效益分红的方式，年度分配时，首先支付社员土地保底收益每股（亩）700 元，留足公积公益金、风险金，然后再按股进行二次分红。

法津依据

《农村土地承包法》第 37 条："土地承包经营权采取转包、出租、互换、转让或者其他方式流转，当事人双方应当签订书面合同。采取转让方式流转的，应当经发包方同意；采取转包、出租、互换或者其他方式流转的，应当报发包方备案。

土地承包经营权流转合同一般包括以下条款：

（一）双方当事人的姓名、住所；

（二）流转土地的名称、坐落、面积、质量等级；

（三）流转的期限和起止日期；

（四）流转土地的用途；

（五）双方当事人的权利和义务；

（六）流转价款及支付方式；

（七）违约责任。"

2 土地承包经营权的转包具体指什么？

典型事例

惠金焕与余西林同为杨湾村村民，两家前后相邻居住，该案纠纷前，两家的邻里关系较好，余西林全家前几年到福建省等地长期打工。2008年10月份，惠金焕、余西林协商后，约定由余西林将该2亩及相近的另外8分承包地算作2亩转包给惠金焕耕种，每亩一年的租赁费按400市斤小麦折抵，未约定转包期间，其后，余西林将耕地转包给了惠金焕，惠金焕也将转包费交至2010年底。因南阳市宛城区金华乡承担的移民安置项目中的生产用地需求，该项目需从杨湾村的15个生产小组中调整、征收1087亩耕地，作为移民安置的生产用地，为此，在2010年秋季左右，金华乡政府、杨湾村村民委员会就采用公告、村民会议及直接告知等方式向村民进行了通知，要求涉及的耕地在2011年麦收后不得再耕种农作物。2011年2月19日，余西林送妻子聂春梅回家治病后，余西林又外出打工至2011年农历4月份（也就是麦前）回家。2011年3月份，该村组人员将征收耕地等具体事项直接告知了余西林妻子，之后，又协商了土地补偿事项。

法律分析

《农村土地承包经营权流转管理办法》第35条第2款对转包的概念作出了明确的规定。转包是指承包方将部分或全部土地承包经营权以一定期限转给同一集体经济组织的其他农户从事农业生产经营。转包后原土地承包关系不变，原承包方继续履行原土地承包合同规定的权利和义务。接包方按转包时约定的条件对转包方负责。承包方将土地交他人代耕不足一年的除外。

在土地承包经营权转包法律关系中，转包人是享有土地承包经营权的农户，也即土地承包经营权人；受转包人是承受土地承包经营权转包的农户。转包人对土地承包经营权的产权不变；受转包人享有土地承包经营权使用的权利，获取承包土地的收益，并向转包人支付转包费。因此，土地承包经营权转包法律关系的特点是，土地承包经营权实际上没有流转，还由原土地承包经营权人享有，原土地承包经营权人还需向发包人承担承包合同约定的义务，受转包人只享有土地的使用权和收益权。另外，受转包人必须是本集体经济组织成员。由于转包并不影响原有的土地承包关系，因此无须发包人许可，只需要将转包合同向发包人备案。为方便转包关系，《农村土地承包法》第39条第2款明文规定，承包方将土地交由他人代耕不超过一年的，可以不签订书面合同。

法律依据

《农村土地承包法》第37条："土地承包经营权采取转包、出租、互换、转让或者其他方式流转，当事人双方应当签订书面合同。采取转让方式流转的，应当经发包方同意；采取转包、出租、互换或者其他方式流转的，应当报发包方备案。

土地承包经营权流转合同一般包括以下条款：

（一）双方当事人的姓名、住所；

（二）流转土地的名称、坐落、面积、质量等级；

（三）流转的期限和起止日期；

（四）流转土地的用途；

（五）双方当事人的权利和义务；

（六）流转价款及支付方式；

（七）违约责任。"

第 39 条："承包方可以在一定期限内将部分或者全部土地承包经营权转包或者出租给第三方，承包方与发包方的承包关系不变。

承包方将土地交由他人代耕不超过一年的，可以不签订书面合同。"

《农村土地承包经营权流转管理办法》第 16 条："承包方依法采取转包、出租、入股方式将农村土地承包经营权部分或者全部流转的，承包方与发包方的承包关系不变，双方享有的权利和承担的义务不变。"

第 25 条："发包方对承包方提出的转包、出租、互换或者其他方式流转承包土地的要求，应当及时办理备案，并报告乡（镇）人民政府农村土地承包管理部门。

承包方转让承包土地，发包方同意转让的，应当及时向乡（镇）人民政府农村土地承包管理部门报告，并配合办理有关变更手续；发包方不同意转让的，应当于七日内向承包方书面说明理由。"

第 35 条第 2 款："转包是指承包方将部分或全部土地承包经营权以一定期限转给同一集体经济组织的其他农户从事农业生产经营。转包后原土地承包关系不变，原承包方继续履行原土地承包合同规定的权利和义务。接包方按转包时约定的条件对转包方负责。承包方将土地交他人代耕不足一年的除外。"

3 什么是土地承包经营权的出租?

典型事例

秦芳、冯建勋同为长垣县魏庄镇韩了墙村村民,2004年秦芳以家庭承包形式分得长恼公路南侧口粮田1.57亩。2008年秦芳与冯建勋口头协商,冯建勋租用秦芳土地3分,每年以300斤小麦给付租金,2013年增加1分共4分土地,后冯建勋在该地块上建房数间。2014年2月18日经冯建勋手向秦芳之子写有租地4分的协议一份,该协议未约定租用期限和用途,冯建勋每年向秦芳直接交付600斤小麦价计付租金。后由于市场规划、修路等原因,原始界点无法找到。秦芳要求解除与冯建勋之间的租赁合同,冯建勋返还租赁秦芳土地并拆除该租赁土地上的附属物。冯建勋辩称其租赁的土地不完全是秦芳一户的,部分土地是从村委会租的,不完全同意秦芳的请求。

法律分析

土地出租是指承包方将部分或者全部土地承包经营权以一定期限租赁给他人从事农业生产经营,出租后原土地的承包关系不变,原承包方继续履行土地承包合同规定的权利义务,承租方按出租时约定的条件对承包方负责。

在土地承包经营权出租的法律关系中,出租人是享有土地承包经营权的农户,也就是土地承包经营权人;承租人是承租土地承包经营权的外村人(注意这里不同于土地转包必须转包给本集体经济组织成员)。土地承包经营权人通过出租合同将土地出租给承租人,获取租金,这是一种民事合同关系。而承租人通过租赁合同取得土地的承包经营权的承租权,即对土地的使用权和收益权，并向出租的农户支付租金。我们从土地承包经营权的出租法律关系中，可以看出土地出租的特点：首先，土地承包经营权在此过程中没有流转，仍然由原土地承包经营权人享有，当然，原土地承包经营权人仍需向发包人承担承包合同约定的义务，承租人只享有土地的使用权和收益权；其次，承租人必须是本集体经济组织以外的单位或者个人，这是土地承包经营权出租与转包的唯一区别也是根本区别；最后，由于土地出租并不影响原有的土地承包关系，因此无须经过发包人许可，只需要将出租合同向发包人备案，这与土地的转包备案异曲同工之处。

因此，本事例中秦芳与冯建勋之间的土地流转不是出租方式，不应按土地承包经营权的出租处理。

法津依据

《农村土地承包法》第37条："土地承包经营权采取转包、出租、互换、转让或者其他方式流转，当事人双方应当签订书面合同。采取转让方式流转的，应当经发包方同意；采取转包、出租、互换或者其他方式流转的，应当报发包方备案。

土地承包经营权流转合同一般包括以下条款：

（一）双方当事人的姓名、住所；

（二）流转土地的名称、坐落、面积、质量等级；

（三）流转的期限和起止日期；

（四）流转土地的用途；

（五）双方当事人的权利和义务；

（六）流转价款及支付方式；

（七）违约责任。"

第39条："承包方可以在一定期限内将部分或者全部土地承包经营权转包或者出租给第三方，承包方与发包方的承包关系不变。

承包方将土地交由他人代耕不超过一年的，可以不签订书面合同。"

《农村土地承包经营权流转管理办法》第16条："承包方依法采取转包、出租、入股方式将农村土地承包经营权部分或者全部流转的，承包方与发包方的承包关系不变，双方享有的权利和承担的义务不变。"

第25条："发包方对承包方提出的转包、出租、互换或者其他方式流转承包土地的要求，应当及时办理备案，并报告乡（镇）人民政府农村土地承包管理部门。

承包方转让承包土地，发包方同意转让的，应当及时向乡（镇）人民政府农村土地承包管理部门报告，并配合办理有关变更手续；发包方不同意转让的，应当于七日内向承包方书面说明理由。"

第35条第5款："出租是指承包方将部分或全部土地承包经营权以一定期限租赁给他人从事农业生产经营。出租后原土地承包关系不变，原承包方继续履行原土地承包合同规定的权利和义务。承租方按出租时约定的条件对承包方负责。"

4 什么是土地承包经营权的互换？

典型事例

璧山县大路镇郭家村七社以家庭联产承包责任制方式向本社农户刘孝文发包了4亩土地，璧山县人民政府于2004年9月30日给刘孝文颁发了土地承包经营权证（该证载明：承包户主为刘孝文，全户人口为4人，即刘孝文夫妇和其子刘存友、刘存雨），该承包土地中包括0.3亩"下鱼田边边土"。2009年下半年，陈能书为了便于修建房屋堆放开挖屋基的废土和方便生产生活，与刘孝文口头协议互换土地。陈能书用自己承包的0.1613亩"洞子土"与刘孝文承包的"下鱼田边边土"中0.1613亩进行了互换。双方互换土地后未办理农村土地承包经营权变更登记。刘孝文对换得的"洞子土"进行了耕种。刘孝文夫妇分别于2011年和2012年去世。后由刘孝文的长子刘存友耕种换得的"洞子土"。2014年陈能书换得的"下鱼田边边土"因修遂渝高速公路被征用，双方为补偿款的归属发生争议，刘存友于2004年12月起诉至法院。

法律分析

所谓土地互换是指承包方之间为方便耕作或者各自需要，对属于同一集体经济组织的承包地块进行交换，同时交换相应的土地承包经营权。

在我们广大农村地区，属于同一集体经济组织所有的土地，在质量上有好有坏，距离上有远有近，有的土地还会有背阴、朝阳之分。土地承包的基本原则是公开、公平、公正，以户为单位，做到人人都有份，每家每户分到的土地，要好坏搭配，同时兼顾远近，合理进行分配。所以说，按照这样的分配原则，各承包户得到的土地难免东一块、西一块，一般成片的土地往往分别由不同的农户承包。这样，必然会给各承包户带来耕作上的不便，比如说，相邻的两块土地上，两家农户可能会因为农作物的采光、通风问题发生纠纷。正是为了趋利避害，农民朋友为了相互之间的方便，通过互换土地承包经营权的方式，达到资源的最佳配置。

在土地承包经营权互换的法律关系中，同一个集体经济组织内部的承包经营权人之间为了方便耕种和各自需求，对各自的土地承包进行交换。在这里，互换是一种互易合同，交换土地后，互换的双方均取得了对方的土地承包经营权，另一方面，丧失了自己原有的土地承包经营权。从互换的概念中我们可以看出，土地互换的双方必须是同一经济组织内部的农户，互换双方分别丧失自己原有的土地承包经营权，获得新的土地承包经营权，这比起土地承包经营权的转包和出租，是真正意义上的土地经营权的流转。土地承包经营权的互换没有影响到农户的基本生存保障，也没有使得土地流转到本集体经济组织以外的单位或个人，因此，这并不需要发包方的同意，只是需要将互换合同在发包方处备案。需要注意的是，由于互换关系中的农户对原有土地承包经营权进行了互换，双方农户达成互换合同后，还应与发包人变更原土地承包合同，并可以办理农村土地承包经营权证变更登记手续。

法津依据

《农村土地承包法》第37条："土地承包经营权采取转包、出租、互换、转让或者其他方式流转，当事人双方应当签订书面合同。采取转让方式流转的，应当经发包方同意；采取转包、出租、互换或者其他方式流转的，应当报发包方备案。

土地承包经营权流转合同一般包括以下条款：

（一）双方当事人的姓名、住所；

（二）流转土地的名称、坐落、面积、质量等级；

（三）流转的期限和起止日期；

（四）流转土地的用途；

（五）双方当事人的权利和义务；

（六）流转价款及支付方式；

（七）违约责任。"

第40条："承包方之间为方便耕种或者各自需要，可以对属于同一集体经济组织的土地的土地承包经营权进行互换。"

《农村土地承包经营权流转管理办法》第 17 条："同一集体经济组织的承包方之间自愿将土地承包经营权进行互换，双方对互换土地原享有的承包权利和承担的义务也相应互换，当事人可以要求办理农村土地承包经营权证变更登记手续。"

第 25 条："发包方对承包方提出的转包、出租、互换或者其他方式流转承包土地的要求，应当及时办理备案，并报告乡（镇）人民政府农村土地承包管理部门。

承包方转让承包土地，发包方同意转让的，应当及时向乡（镇）人民政府农村土地承包管理部门报告，并配合办理有关变更手续；发包方不同意转让的，应当于七日内向承包方书面说明理由。"

第 35 条第 3 款："互换是指承包方之间为方便耕作或者各自需要，对属于同一集体经济组织的承包地块进行交换，同时交换相应的土地承包经营权。"

5 土地承包经营权的转让指的是什么？

典型事例

苏某于 2000 年承包延庆县某村果园，后苏某无力经营，欲将果园转让给王某。2008 年苏、王二人签订了《承包联营合同》，协议约定共同在果园内搞养殖，各自独立、互相协调、共同发展。但合同签订后苏某并未在果园内进行养殖，且自合同签订后果园所涉的承包费用都由王某个人承担。2009 年，苏某将果园中的平房及养殖区域的土地使用权一并转让给王某。2010 年延庆某村地区进行土地改造治理，向王某提供了果园果树进行改良换代和培植期间的经济补偿 45 万元。苏某认为其对该笔补偿款应享有份额，因此提起诉讼。法院经审理认定苏、王二人之间的合同性质为土地承包经营权转让，苏某与延庆某村之间的土地承包经营关系已经终止，王某与延庆某村之间形成新的承包关系，据此驳回原告苏某的诉讼请求。

法律分析

农村土地承包经营权转让，是指转让方（原承包方）在通过农村土地承包方式取得的土地承包经营权有效存在的前提下，在承包期限内依法将部分或者全部承包地上的土地承包经营权转移给受让方（新承包方）的行为。

农村土地承包经营权转让具有农村土地承包经营权流转的一般法律特征，它包括：①农村土地承包经营权流转必须要以土地承包经营权的有效存在为前提；②不发生农村土地所有权权属性质和主体种类的变化；③不改变承包地之农业用途；④农村土地承包经营权流转的自愿性；⑤农村土地承包经营权流转的契约性；⑥农村土地承包经营权流转的合理补偿性；⑦农村土地承包经营权流转的流出方的特定性（即指承包方）。

农村土地承包经营权转让除了具有农村土地承包经营权流转的一般法律特征外，还具有自身鲜明的特征。这里以《农村土地承包法》第二章"家庭承包"第五节"土地承包经营权的流转"中农村土地承包经营权转让规定分析。农村土地承包经营权转让的自身特征包括：

1. 农村土地承包经营权转让属土地承包经营权让渡的流转。它区别于土地承包经营权保留下的流转，如农村土地承包经营权转包或出租等。农村土地承包经营权转让的结果是，转让方丧失部分或者全部承包地上的土地承包经营权，受让方依法取得部分或者全部承包地上的土地承包经营权；同时，转让方与发包方之间在部分或者全部承包地上的承包关系终止，确立受让方与发包方之间在部分或者全部承包地上的承包关系。如果转让方依法将全部承包地上的土地承包经营权转移给受让方，那么，原承包方的法律资格和原承包方拥有的土地承包经营权也同时丧失。

2. 农村土地承包经营权转让，其受让方享有的权利与流出方享有的权利相同，即受让方从转让方中取得完整的土地承包经营权。土地承包经营权保留下的农村土地承包经营权流转都不得超过或等于原承包方（即流出方）享有的权利，如在农村土地承包经营权出租中，承租方取得的是从土地承包经营权中分离出来的部分权能，即享有债权性质的农村承包地租赁权；又如在农村土地承包经营权转包中，同样，受转包方也无法取得土地承包经营权，而只取得债权性质的土地承包经营权。同时，上述两种农村土地承包经营权流转形式，原"承包方与发包方的承包关系不变"（《农村土地承包法》第39条）。

3. 农村土地承包经营权转让，其受让方取得的土地承包经营权的期限为原承包期的剩余期限。土地承包经营权保留下的农村土地承包经营权流转都不得超过或一般都不等于原承包期的剩余期限，如农村土地承包经营权转包或出租，受转包方或承租方取得承包地的期限，一般较短，但最长也不得超过20年。

4. 农村土地承包经营权转让，其转让方（即流出方）条件的限定性。农村土地（特别是耕地）是农民最基本和最可靠的生活保障，是他们的安身立命之本，对此，《农村土地承包法》总则规定，耕地、林地、草地，实行人人有份的家庭承包方式。农户取得土地承包经营权就意味着该户农民生存权得到了一定保障或保证。农村土地承包经营权转让使原承包方全部或部分失去农村承包地，并在承包期内无权向发包方要求以家庭承包方式承包农村土地，故只有农民可以完全不依靠土地生活的时候，才应允许转让土地承包经营权。对此，《农村土地承包法》第41条规定，转让方"有稳定的非农职业或者有稳定的收入来源"。而其他形式农村土地承包经营权流转，《农村土地承包法》对流出方没有条件的限制。

5. 农村土地承包经营权转让，其受让方（即流进方）主体资格的限定性。《农村土地承包法》第41条规定，可将部分或者全部承包地上的"土地承包经营权转让给其他从事农业生产经营的农户"。该条对受让方有两方面的要求：其一，受让方原来必须从事农业生产经营；其二，受让方是农户，即农户是受让土地承包经营权的流进方。而其他形式农村土地承包经营权流转（除农村土地承包经营权互换外），其流进方是一切农业生产经营者，实际上除农户外，还包括法人、其他组织、自然人。

6. 农村土地承包经营权转让，须经发包方同意。《农村土地承包法》第37条规定："采取转让方式流转的，应当经发包方同意；采取转包、出租、互换或者其他方式流转的，应当报发包方备案。"转让须经发包方同意，这是因为：一方面，农村土地承包经营权转让，使得原有的承包关系部分或者全部终止，应确立受让方与发包方之间在部分或者全部承包地上的承包关系，受让方是否符合法律规定的主体资格，是否具有承包经营的能力，直接关系承包义务的履行，因此，作为发包方必须有权审查，否则，将侵害发包方的合法权益；另一方面，农村土地承包经营权转让，将使原承包方（即流出方）失去全部或部分农村承包地，也即失去在农村的生活保障，如原承包方没有稳定的非农职业或者没有稳定的收入来源，允许自由转让土地承包经营权，则会使该原承包方造成生活困难，同时会引起农村社会的不稳定。因此，转让土地承包经营权，须经发包方同意是必要的。但凡符合法律规定的条件转让土地承包经营权的，发包方应当予以准许。

7. 农村土地承包经营权转让是否登记，其法律效力的差异性。《农村土地承包法》第 38 条规定："土地承包经营权采取互换、转让方式流转，当事人要求登记的，应当向县级以上地方人民政府申请登记。未经登记，不得对抗善意第三人。"如甲是 A 村集体经济组织发包耕地的承包方，该承包方有非农业稳定收入来源，甲在承包期内于 2010 年 3 月 10 日将土地承包经营权转让给乙，交易完成后，经 A 村集体经济组织同意，乙没有办理土地承包经营权变更登记。其后，甲于 2010 年 3 月 20 日又将同一块耕地的土地承包经营权转让给丙，也经 A 村集体经济组织同意，随后丙支付了价款并办理了土地承包经营权变更登记。

问题是：①丙不知道甲已经将土地承包经营权转让给乙，也不应当知道这些情况，应由谁取得土地承包经营权？②丙知道或者应当知道已经将土地承包经营权转让给乙，应由谁取得土地承包经营权？依《农村土地承包法》分析，第一种情况中丙属"善意第三人"，即第三人不知道或者不应当知道承包方已经将土地承包经营权转让给其他人（本案指乙），因此与承包方交易，交付了价款，并进行了土地承包经营权变更登记的第三人。根据上述《农村土地承包法》第 38 条规定分析，由善意第三人丙取得土地承包经营权。乙不能取得土地承包经营权，但可以向人民法院起诉甲，请求获得相应的救济。在第二种情况丙属"恶意第三人"，第三人丙如果明知甲已经将土地承包经营权转让给乙，或者丙应当知道这个情况（比如，丙已经听邻居说过，但未向甲或乙核实），那么，丙就不属于善意第三人，因而不能取得土地承包经营权，乙取得土地承包经营权。

8. 农村土地承包经营权转让的有偿性。只有实现农村土地承包经营权的流转，才能达到农村土地资源的最优配置。从客观的角度讲，农村土地承包经营权的转让是基于"经济人"的合理假设，通过市场的自主调节，使土地产权在不同的法律主体之间变动，从而在客观上达到土地资源的合理配置，并实现土地经营的市场化、规模化和土地利用的最大效益化。显然，农村土地承包经营权转让应实行有偿原则。农村土地承包经营权转让的有偿性其理由：其一，有利于维护土地承包经营权的长期稳定，防止短期行为；其二，在经济上激发权利人合理利用土地的自觉性；其三，有利于真正实现交换价值，农户也能够真正从中获得其应有的经济利益。

法律依据

《农村土地承包法》第37条第1款："土地承包经营权采取转包、出租、互换、转让或者其他方式流转，当事人双方应当签订书面合同。采取转让方式流转的，应当经发包方同意；采取转包、出租、互换或者其他方式流转的，应当报发包方备案。"

第38条："土地承包经营权采取互换、转让方式流转，当事人要求登记的，应当向县级以上地方人民政府申请登记。未经登记，不得对抗善意第三人。"

第41条："承包方有稳定的非农职业或者有稳定的收入来源的，经发包方同意，可以将全部或者部分土地承包经营权转让给其他从事农业生产经营的农户，由该农户同发包方确立新的承包关系，原承包方与发包方在该土地上的承包关系即行终止。"

《农村土地承包经营权流转管理办法》第18条："承包方采取转让方式流转农村土地承包经营权的，经发包方同意后，当事人可以要求及时办理农村土地承包经营权证变更、注销或重发手续。"

第25条："发包方对承包方提出的转包、出租、互换或者其他方式流转承包土地的要求，应当及时办理备案，并报告乡（镇）

人民政府农村土地承包管理部门。

承包方转让承包土地，发包方同意转让的，应当及时向乡（镇）人民政府农村土地承包管理部门报告，并配合办理有关变更手续；发包方不同意转让的，应当于七日内向承包方书面说明理由。"

第29条："采取互换、转让方式流转土地承包经营权，当事人申请办理土地承包经营权流转登记的，县级人民政府农业行政（或农村经营管理）主管部门应当予以受理，并依照《农村土地承包经营权证管理办法》的规定办理。"

第35条第1款："本办法所称转让是指承包方有稳定的非农职业或者有稳定的收入来源，经承包方申请和发包方同意，将部分或全部土地承包经营权让渡给其他从事农业生产经营的农户，由其履行相应土地承包合同的权利和义务。转让后原土地承包关系自行终止，原承包方承包期内的土地承包经营权部分或全部灭失。"

6 土地流转发生纠纷，可以通过什么途径解决？

典型事例

2011年12月，村民李某与当时的村委会签订了一份土地承包合同。合同约定，村委会将村属的15亩承包地承包给李某经营，承包期限为30年。合同签订后，李某对所承包的土地进行了重新规范和整理，并在投资近3000元的承包土地上新打了一眼深井。2012年10月，李某所在的村委会进行了换届选举。换届后的村委会以原村委会与李某所签订的土地承包合同没有召开村民大会，违反民主议定原则为由，将李某所承包的土地强行收回。李某将村委会告上法庭，要求确认合同有效，被告继续履行合同；如果确认合同无效，要求赔偿 2 万元经济损失。

法津分析

发生土地流转纠纷之后，除了提起诉讼以外，还有什么途径可以解决呢？下面就为大家介绍一下，在土地流转纠纷中，常用的争议解决方式。

《农村土地承包法》第 51 条规定："因土地承包经营发生纠纷的，双方当事人可以通过协商解决，也可以请求村民委员会、乡（镇）人民政府等调解解决。当事人不愿协商、调解或者协商、调解不成的，可以向农村土地承包仲裁机构申请仲裁，也可以直接向人民法院起诉。"根据这一规定，解决农村土地流转纠纷可以采取四种途径，即当事人协商、双方调解、仲裁机构裁决和法院诉讼。

1. 当事人协商。协商解决纠纷，就是发生土地流转纠纷的当事人双方，采取其他方式解决纠纷之前，首先在自愿互谅的基础上，依照有关法律规定，直接进行协商，自行解决双方之间的纠纷。当然，在采取其他途径解决纠纷的过程中，只要双方当事人都愿意，还可以继续通过协商，达成协议，解决纠纷。采取协商的办法解决纠纷，可以大大减少双方当事人为解决纠纷所耗费的时间、精力和费用，有利于及时化解矛盾，维持双方当事人之间的正常关系。

2. 双方调解。在土地流转纠纷中，双方当事人不愿意协商解决，或者通过协商未能解决纠纷，例如，协商达成解决纠纷的协议后，一方当事人反悔的，可以通过调解的方式解决纠纷。调解是我国民间解决纠纷的一种传统的方式，通常由双方当事人自愿选择彼此都信任的第三者作为调解人，了解纠纷的情况，从中调解，说服当事人相互谅解、做出适当的让步后，双方达成一致，解决纠纷。

采取调解的方式解决土地承包经营纠纷，必须坚持自愿原则，在双方当事人完全自愿的基础上进行调解。调解人可以是任何单位和个人。一般办事公正、德高望重的人可以成为调解人主持调解，能够得到双方当事人的信任。《农村土地承包法》特别指出，当事人可以申请村民委员会、乡（镇）政府等调解解决纠纷。主要是考虑到，村民委员会作为村民自治组织，依法具有调解解决民间纠纷的职能。因为村民委员会熟悉情况，又具有一定的权威性，所以由村民委员会作为调解人，有利于及时、合理地解决纠纷。乡（镇）人民政府是农民的基层政权组织，承担着农村土地承包的基础管理工作，并掌握承包合同等基本资料，熟悉土地承包情况。由乡（镇）政府主持调解，特别是调解不属于同一个村集体经济组织的村民之间的土地承包经营纠纷时，更具有其他组织和个人不具备的公正性和权威性。因此，一般来说，同一村、村民小组的村民之间发生的土地承包经营纠纷，可由村民委员会调解解决；不同村的村民之间、村民与其他单位之间发生的土地承包经营纠纷，可由乡（镇）人民政府调解解决。

经过调解达成协议的，应当及时请双方当事人签订书面协议，并帮助和督促当事人自觉履行协议，彻底解决纠纷。不管由谁主持调解，通过调解达成的调解协议，都不具有强制执行的法律效力。双方都自愿履行的，协议顺利履行完毕后，纠纷得到彻底解决。达成调解协议后如果一方当事人反悔，不愿履行协议，或者经过调解最终没有达成调解协议的，当事人都可以申请农村土地承包仲裁机构仲裁解决，或者直接向人民法院起诉。

3. 仲裁机构裁决。发生土地流转纠纷的当事人不愿意协商、协商未能达成一致，通过调解未能解决纠纷的，可以向农村土地承包仲裁机构申请仲裁。

考虑到劳动争议和农村土地承包纠纷具有一定的特殊性,《仲裁法》第77条规定:"劳动争议和农业集体经济组织内部的农业承包合同纠纷的仲裁,另行规定。"从而明确了农村集体经济组织内部的土地承包经营纠纷,不适用《仲裁法》的规定。土地承包经营是一种特殊的经济仲裁,与《仲裁法》规定的一般商事仲裁有所不同。《农村土地承包法》第51条规定土地承包经营纠纷的当事人都可以申请仲裁,没有明确区分农村集体经济组织内部的土地承包,还是集体经济组织以外的单位和个人的土地承包。目前,对农村土地承包经营纠纷的仲裁国家还没有统一的立法。实际操作中,各地主要根据省、自治区、直辖市制定的地方法规和规章做出裁决,具体做法大体相同,但也有所差异。《农村土地承包法》第51条、第52条对农村土地承包经营纠纷的仲裁做出了原则性的规定,为制定全国统一的农村土地承包仲裁办法提供了立法依据和原则,同时有关部门正在制定农村土地承包仲裁的具体办法。

4. 法院诉讼。在土地流转纠纷中,当事人对裁决不服的,可以在收到裁决书之日起30日内,以对方当事人为被告,向人民法院提起民事诉讼,通过诉讼方式保护自己的权益。

受理案件的人民法院应当按照《民事诉讼法》、《农村土地承包法》的规定,参考有关司法解释和有关农村土地承包的政策文件,对案件进行审理,查明事实,依法做出判决,维护双方当事人的合法权益。人民法院受理案件后应当依法直接做出判决,不是撤销裁决,要求仲裁机构重新进行仲裁。就是说,当事人对裁决不服向人民法院起诉后,裁决即自动失去了法律效力,由人民法院做出判决,解决纠纷。

需要指出,前述解决土地承包经营纠纷的四种方式中,诉讼解决方式是最终的解决办法。当事人双方协商、调解，不是申请农村土地承包仲裁机构仲裁的前置程序，即不是起诉之前必经的一道程序。理论上说，当事人可以不经协商、调解，直接申请仲裁；同时，协商、调解、仲裁也不是向人民法院起诉的前置程序。出现土地承包纠纷以后，当事人可以不经协商、调解、仲裁的程序，直接向人民法院提起民事诉讼。

但在实践中，协商、调解、仲裁比较接近农民，程序简单，方便群众，及时有效，受到农民群众的欢迎。所以，大部分纠纷都能通过协商、调解、仲裁得以解决，向人民法院起诉的土地承包案件并不是很多。

法律依据

《农村土地承包法》第51条："因土地承包经营发生纠纷的，双方当事人可以通过协商解决，也可以请求村民委员会、乡（镇）人民政府等调解解决。

当事人不愿协商、调解或者协商、调解不成的，可以向农村土地承包仲裁机构申请仲裁，也可以直接向人民法院起诉。"

第52条："当事人对农村土地承包仲裁机构的仲裁裁决不服的，可以在收到裁决书之日起三十日内向人民法院起诉。逾期不起诉的，裁决书即发生法律效力。"

7 土地承包经营权的流转有期限限制吗？

典型事例

张某与李某是同村村民。1998年，双方通过土地二轮承包从本村各取得4亩土地的承包经营权，期限为30年，并取得由当地县政府签发的土地承包经营权证书。2012年双方口头协议，约定由张某无偿流转3亩地给李某耕作；但对流转的形式是转包还是转让、期限约定等均不明。此事得到村委会认可。镇经管站与村委会向双方发放了农民负担监督卡，确定张某的应纳税面积为1亩、李某的应纳税面积为7亩，后双方按此以各自的名义向村委会履行了合同义务。2013年秋收结束，张某要求李某退回流转的田亩，因此双方发生讼争。

法津分析

土地承包经营权实际上是物权的一种，在我国农村的土地都是属于集体土地，农户通过承包的方式从发包方处得到土地的使用权，并没有获得土地的拥有权，土地承包经营权是有时间限制的，一旦超过了存在的期限，如果不能延长，则土地承包经营权就会消失，发包方会依据法律的规定收回土地。土地承包经营权的流转是在土地承包权存在的基础上进行流转的，因此，流转也必然会有期限，而且该期限不得超过土地承包经营权的剩余期限。根据我国关于土地方面的法律规定，土地承包经营权的期限为30年，如果土地承包经营权人已经使用了土地10年，那么他的土地在进行流转的时候，所约订的期限就不得超过20年。流转期限超过土地承包经营权剩余期限的，超过部分无效。土地承包经营权的30年期限是对于耕地来说的，其他如草地的承包期限是30年至50年，林地的承包期限则会更长，30年至70年。不论是什么性质的土地流转，流转的期限都不得超过剩余的承包期限。

法津依据

《物权法》第126条："耕地的承包期为三十年。草地的承包期为三十年至五十年。林地的承包期为三十年至七十年；特殊林木的林地承包期，经国务院林业行政主管部门批准可以延长。

前款规定的承包期届满，由土地承包经营权人按照国家有关规定继续承包。"

第128条："土地承包经营权人依照农村土地承包法的规定，有权将土地承包经营权采取转包、互换、转让等方式流转。流转的期限不得超过承包期的剩余期限。未经依法批准，不得将承包地用于非农建设。"

《农村土地承包法》第20条："耕地的承包期为三十年。草地的承包期为三十年至五十年。林地的承包期为三十年至七十年；特殊林木的林地承包期，经国务院林业行政主管部门批准可以延长。"

8 土地流转时本集体经济组织成员享有优先权指的是什么？

典型事例

1994年1月，孙某与其所在村的经济合作社签订了土地承包经营协议，由孙某承包经营该村的4亩沙地，作为种植、养殖业使用。协议约定："承包期为15年，自1994年1月1日起至2008年12月31日止，年承包费为400元。协议期满后，甲方如继续发包，在同等条件下乙方享有优先承包权。"当日双方对所签订的协议进行了公证。双方均按约履行。

2008年12月，因该承包经营协议即将到期，该村村委会及工作组研究决定对该合同中的土地承包经营权进行公开招投标，以每亩1500元起价，以高价者中标。在竞标过程中，孙某只以每亩1501元的价格参与竞标，结果同村村民王某以每亩9200元的价格中标。2008年12月25日，村委会及工作组对王某中标的结果予以确认。孙某随后向经济合作社和村委会提出愿意以每亩 9200 元的同等价格承包上述土地，因中标方王某不同意退出，故协商未果。孙某遂以经济合作社与村委会侵犯其优先承包权为由诉至一审法院。

一审法院判决后，孙某不服，上诉至二中院。

二中院经审理认为，按照承包合同的约定，孙某在合同期满后享有同等条件下对该承包土地的优先承包权。但经济合作社与村委会未能提交任何证据证明其在招标前曾向投标者明确公示孙某对土地享有同等条件下的优先承包权、土地性质及地上物的状况，亦未在招投标过程中通过同价优先确认的方式对孙某的优先权予以保护，故经济合作社与村委会在合同到期后继续发包的过程存在履行瑕疵。且孙某承包该土地从事养殖业多年，对土地有大量资金投入，如将土地另行发包，又不对地上物及投入与孙某协商处理，会给孙某造成较大的经济损失。

法律分析

《农村土地承包法》第 33 条明确规定，土地承包经营权流转中，本集体经济组织成员享有优先权，在同等条件下，较本集体经济组织以外的人，可以优先取得流转土地的承包经营权。

1. 优先权是法定的而非约定的权利。法律赋予集体经济组织成员的优先权，目的是维护集体经济组织成员的生存利益，充分发挥农地的社会保障功能和提高土地利用效率。所以，当事人不得以约定的形式改变或限制集体经济组织成员的优先权。约定必须遵守法定，否则，该约定当然无效。

2. 优先权具有成员权性质。它是一种基于特定的身份关系即集体经济组织成员资格而产生的权利，所以，这项权利不能单独继承、转让。并且，基于其法定性，当事人也不得约定排除。

3. 优先权只能由特定的主体即集体经济组织成员享有。农户与集体经济组织成员都可以作为独立的民事主体存在，但农户与集体经济组织成员是有区别的。虽然农户本质上是自然人，但它是自然人的一种特殊体现形式，是整个家庭所有成员即自然人的集合体，是个复数概念。集体经济组织成员实际上就是农民个人，即自然人，是个单数概念。根据《农村土地承包法》第33条第5项的规定，优先权的主体只能是集体经济组织成员，而不包括农户。

4. 优先权可以对抗第三人，具有物权绝对性的特点。也就是说，优先权不仅可以对抗相对人，也可以对抗第三人。如果流转方不顾集体经济组织成员的优先权，而擅自将土地流转给第三人的话，集体经济组织成员有权申请确认该项交易无效，从而行使自己的优先权。确认无效的机构包括农业主管部门设立的土地仲裁机构以及人民法院。

5. 行使的条件。按照《农村土地承包法》第33条第5项的规定，在同等条件，本集体经济组织成员享有优先权，这是行使优先权的基础。条件同等，主要是指与发包方利益密切相关的条件同等，诸如承包价格、承包金给付方式、承包期限、对土地保护义务方面的条件相同或者相近。与流转基本无关的如土地种养何物、何时种养、管理方法等都不是同等条件的内容。所以，条件同等并不意味着绝对等同。对同等条件的具体内容，地方性法规可以作出列举性规定。

6. 行使的期限。《农村土地承包法》第33条第5项并没有规定在原土地承包经营权人即流转方拟进行流转时，在什么期限内集体组织成员应该行使优先权。我们认为，就家庭承包经营权的流转而言，流转人应当将其与第三人缔约的内容，以书面形式告知村民小组或村民委员会，由村民小组或村民委员会以书面形式公告通知本集体组织的其他成员。本集体组织的其他成员应在收到通知后 15 日内行使优先权。若流转人或村民小组、村民委员会不履行通知义务，本集体组织其他成员须在知悉或应当知悉流转人和第三人缔约之日起 3 个月内行使优先权。权利指向的对象是村民小组或村委会，方式是明示，效果是集体组织成员按照流转人和第三人约定的相同条款与流转人签订流转协议。

7. 优先权竞合时的处理。在实际生活中，可能会发生两个以上集体经济组织成员均行使优先权的情形，而《农村土地承包法》第 33 条第 5 项也没有对此作出明确的规定，此时应如何处理呢？我们认为，应分为两种情况：一是在第一次流转时，若有两个以上集体经济组织成员主张优先权，应由流转人选择到底由哪一个集体经济组织成员享有优先权。这样，既可以减少交易成本，也可以保证在优先权效力相同的情况下，流转人选择权的行使。二是在第一次流转到期，进行第二次流转，原受让人是本集体经济组织的成员，而原受让人与集体经济组织的其他成员都想受让时，我们认为，在同等条件下，应流转给原受让人，由其享有优先权，继续经营流转的土地。理由是：其一，有利于提高土地的利用效率；其二，有利于维护原受让人的投入利益；其三，有利于实现流转的目的。

综上，本事例中，应由原承包方孙某继续承包诉争土地。

法律依据

《农村土地承包法》第 33 条："土地承包经营权流转应当遵循以下原则：

（一）平等协商、自愿、有偿，任何组织和个人不得强迫或者阻碍承包方进行土地承包经营权流转；

（二）不得改变土地所有权的性质和土地的农业用途；

（三）流转的期限不得超过承包期的剩余期限；

（四）受让方须有农业经营能力；

（五）在同等条件下，本集体经济组织成员享有优先权。"

9 土地承包经营权能否进行抵押？

典 型事例

2000 年张三因做小生意需要资金向王五借款 1 万元，借期一年，并以土地承包经营权作为抵押签订了抵押合同，约定如若张三不能按期还款，张三所经营的 10 亩土地将由王五耕种 15 年。后张三因经营不善无力还款。自 2002 年起张三所承包的土地一直由王五占有经营。2010 年后，张三多次找到王五要求王五返还土地并愿意折抵补足剩余的欠款，但王五均予以拒绝。王五辩称，张三所说情况属实，但双方所签订的抵押合同系张三的真实意思表示，并无不当，双方之间处置的只是张三对土地所有的占有、使用、收益的权利，属于对土地经营权经营的正常流转形式，因此不同意返还张三所承包经营的土地。

法院审理认为：张三用所拥有的土地承包经营权作抵押，该意思表示并无不当，但其因与国家法律的强制性规定所抵触，所以该抵押合同自始无效。《中华人民共和国农村土地承包法》第 32 条规定，通过家庭承包取得的土地承包经营权可以依法采取转包、出租、互换、转让或者其他方式流转。农业部 2005 年 1 月发布的《农村土地承包经营权流转管理办法》第 15 条规定，承包方依法取得的农村土地承包经营权可以采取转包、出租、互换、转让或者其他符合有关法律和国家政策规定的方式流转。它们都没有对土地承包经营权的流转方式做出明确的规定。2005 年 7 月最高人民法院《关于审理涉及农村土地承包纠纷案件适用法律问题的解释》第15条规定，承包方以其土地承包经营权进行抵押或者抵偿债务的，应当认定无效。对因此造成的损失，当事人有过错的，应当承担相应的民事责任。此条明确规定了以土地承包经营权作抵押或抵偿债务的无效。

法津分析

我们通过上面这个案例可以得出，以家庭承包方式获得的土地承包经营权不能抵押。这是因为，抵押虽然只是为债务设立的担保，但是，由于担保的性质，债务人一旦不履行到期债务或者发生当事人约定的实现抵押权的情形，债权人就有权就该担保财产优先受偿，那么这个时候，被抵押的土地承包经营权就要因被拍卖或者折价而流转。

以家庭承包的方式获得的耕地、草地、林地等的土地承包经营权是广大农户的生存保障，农民在遇到经济困难时将土地抵押，一旦不能清偿，土地承包经营权就有可能被拍卖，这样就会造成农民失去赖以生存的条件，对社会的稳定与发展非常不利。因此，我国《物权法》以及《农村土地承包法》都规定，以家庭承包方式获得的土地承包经营权不能抵押。

虽然以家庭承包方式获得的土地承包经营权不能抵押，但是我国法律并没有全面禁止土地抵押，通过招标、拍卖和公开协商等方式承包荒山、荒沟、荒丘、荒滩等的土地承包经营权是可以进行抵押的。因为通过这些方式获得土地承包经营权本身就是按照"效率优先，兼顾公平"的原则，采取招标、拍卖和公开协商等市场化的方式承包的，承包人支付的价格基本上是按照市场原则确定的，因此其土地承包经营权应当允许按照市场原则进行抵押，以实现经济价值的最大化。

法律依据

《物权法》第 180 条："债务人或者第三人有权处分的下列财产可以抵押：

（一）建筑物和其他土地附着物；

（二）建设用地使用权；

（三）以招标、拍卖、公开协商等方式取得的荒地等土地承包经营权；

（四）生产设备、原材料、半成品、产品；

（五）正在建造的建筑物、船舶、航空器；

（六）交通运输工具；

（七）法律、行政法规未禁止抵押的其他财产。

抵押人可以将前款所列财产一并抵押。"

第 184 条："下列财产不得抵押：

（一）土地所有权；

（二）耕地、宅基地、自留地、自留山等集体所有的土地使用权，但法律规定可以抵押的除外；

（三）学校、幼儿园、医院等以公益为目的的事业单位、社会团体的教育设施、医疗卫生设施和其他社会公益设施；

（四）所有权、使用权不明或者有争议的财产；

（五）依法被查封、扣押、监管的财产；

（六）法律、行政法规规定不得抵押的其他财产。"

第 187 条："以本法第一百八十条第一款第一项至第三项规定的财产或者第五项规定的正在建造的建筑物抵押的，应当办理抵押登记。抵押权自登记时设立。"

《农村土地承包法》第 49 条："通过招标、拍卖、公开协商等方式承包农村土地，经依法登记取得土地承包经营权证或者林权证等证书的，其土地承包经营权可以依法采取转让、出租、入股、抵押或者其他方式流转。"

《农村土地承包经营权流转管理办法》第 34 条:"通过招标、拍卖和公开协商等方式承包荒山、荒沟、荒丘、荒滩等农村土地,经依法登记取得农村土地承包经营权证的,可以采取转让、出租、入股、抵押或者其他方式流转,其流转管理参照本办法执行。"

10 土地承包经营权可以入股吗?

典型事例

山东某镇村民万某和李某最近正在为一件事发愁,他们二人于 2012 年以拍卖的方式购得了村里的 50 多亩地,他俩看到村里有人用土地的承包经营权入股了镇上的一个农业经营公司,平常不用再从事繁重的农活,到了年底还有丰厚的分红,他俩也想用自己手头的承包地入股,可是连土地入股是什么都不知道。

法律分析

所谓土地承包经营权入股是家庭承包方式的土地承包方之间为发展农业经济,将土地承包经营权作为股权,自愿联合从事农业合作生产经营,其他承包方式的承包方将土地承包经营权量化为股权,入股组成股份公司或合作社等,从事农业生产经营。

根据现行《公司法》的规定,农村土地承包经营权入股设立公司,则土地承包经营权作为投入的资本,与土地承包经营权人分开,承包经营权人作为股东享有股权。作为公司,就存在着破产的风险。现行的法律法规中,没有对农民的土地承包经营权予以特别保护,因而这类公司破产的时候,以土地承包经营权入股的农民,可能会丧失土地承包经营权。考虑到我国农村土地从来就具有社会保障的功能，承包土地权利也从来不是一种单纯的财产权利，土地承包经营权入股设立的公司破产，如果农民股东所承受的债务超过了土地入股后的收益，可能会导致农民土地的丧失，这个结局不仅农民难以接受与承受，政府也不希望出现，因为可能会导致更多更深层次的社会矛盾。

土地承载着农民的生存保障功能。承包经营权入股后，则成为公司资产，农民和土地相分离。如果公司不能提供足以保障农民基本生存条件的股利或分红，无能力获得生活保障的农民将面临生存危机。

农民可选择转让股份。由于财产权与社会保障权相分离，无论股权怎么转让，农民的社会保障要求始终只能由土地受益者承担。这样农民不会丧失社会保障，而且盘活了土地资源。值得注意的是，可转让的财产权不是永续的，因作为其原权利的土地承包经营权有期限。当权利到期时，农民重新获得土地承包经营权，如果农民欲继续把土地投入公司，农民就以重新获得的承包经营权中的财产权入股，同时原来的股权保持不变。

在农村社会保障体系尚未健全完善的条件下，土地法律须优先考虑土地对农民的社会保障功能，才能保证土地产权改革的低政治和社会风险。同时也要顺应生产力和生产关系的发展，使土地要素流动起来。对土地承包经营权做出财产权和人身权划分，有利于理顺权利配置和流转关系；把土地承载的社会保障功能义务，施于土地经营者，充分保障了农民的基本生存；允许农民"置换"回土地承包经营权，体现了对农民生存方式选择上的尊重。允许土地承包经营权入股公司只是在现有法律框架下的一种尝试。

附：

农村土地承包经营权入股合同

合同编号：

甲方（入股方）：＿＿＿＿＿＿＿＿＿＿＿＿＿＿＿＿＿＿

住所：＿＿＿＿＿＿＿＿＿＿ 联系电话：＿＿＿＿＿＿＿＿

乙方（受让方）：＿＿＿＿＿＿＿＿＿＿＿＿＿＿＿＿＿＿

住所：＿＿＿＿＿＿＿＿＿＿ 联系电话：＿＿＿＿＿＿＿＿

根据《中华人民共和国农村土地承包法》、《农村土地承包经营权流转管理办法》等法律、法规和国家有关政策的规定，甲乙双方本着平等、自愿、有偿的原则，经双方协商一致，就土地承包经营权入股事宜，订立本合同。

一、入股土地基本情况及用途

甲方将其承包经营的位于＿＿＿镇＿＿＿村＿＿＿组＿＿＿亩土地（详见下表）向乙方入股，从事（主营项目）＿＿＿＿＿＿生产经营。以上入股土地折合股份为＿＿＿＿＿＿股或折合金额＿＿＿＿＿＿元。

入股土地详细情况表

序号	地块名称	地类	面积	四至界限				原土地承包经营权证或承包合同编号
				东	西	南	北	
1								
2								
3								
4								
合计	（大写）亩			（小写）亩				

二、入股期限

入股期限为＿＿＿＿＿＿年，自＿＿＿＿＿＿年＿＿＿＿＿＿月＿＿＿＿＿＿

日起至_____年_____月_____日止（最长不得超过土地承包期剩余期限）。

三、股份分红与支付方式

甲方以土地入股后，乙方可以采取下列第____种方式支付股权红利。

1. 以实物形式支付。即每亩每年由乙方交给甲方_____公斤（大写：_____）作为股权红利（填稻谷或者双方议定的其他实物）。

2. 以现金方式支付。即每亩每年由乙方向甲方支付人民币_____元（大写：_____）作为股权红利。

3. 其他方式支付。_____。

四、支付时间

乙方可以采取下列第____种方式支付股权红利。

1. 提前1年支付，即于上年____月____日之前支付，且每年递增____%（约定不递增的填写零）。

2. 逐年支付，即于每年____月____日之前支付，且每年递增____%（约定不递增的填写零）。

3. 一次性支付，即于____年____月____日之前全部支付完毕。

4. _____。

五、交付土地的时间

甲方应于____年____月____日之前将拟入股的土地交付乙方。

六、权利和义务的特别约定

1. 甲方有权按照合同规定收取股权红利；按照合同约定的期限到期收回流转的土地。

2. 甲方与发包方的土地承包关系不变，甲方继续履行原土地承包合同规定的权利和义务。

3. 甲方有权监督乙方合理利用、保护入股土地，并要求乙方按约履行合同义务。

4. 甲方在土地承包经营权入股后，应报发包方备案。

5. 甲方应尊重乙方的生产经营自主权，不得干涉乙方依法进行正常的生产经营活动。

6. 乙方有权要求甲方按合同的约定交付入股土地并要求甲方全面履行合同义务。

7. 乙方在受让地块上具有使用权、收益权、生产经营权和产品处置权。

8. 乙方应当依照合同规定按时足额向甲方支付股权红利。

9. 乙方的生产经营活动应当符合法律、法规的规定；应当保持土地肥力，不得使其荒芜，不得改变土地用途，不得进行掠夺性经营，给土地造成永久性损害。

10. 其他权利和义务约定：＿＿＿＿＿＿＿＿＿＿＿＿＿＿＿＿＿＿＿＿。

七、合同到期后地上附着物及相关设施的处理

1. 在入股期间因投入而提高土地生产能力的处理：

＿＿＿＿＿＿＿＿＿＿＿＿＿＿＿＿＿＿＿＿＿＿＿＿＿＿＿＿＿＿＿＿＿＿。

2. 在入股期间购建的地上附着物及相关设施的处理：

＿＿＿＿＿＿＿＿＿＿＿＿＿＿＿＿＿＿＿＿＿＿＿＿＿＿＿＿＿＿＿＿＿＿。

3. 合同到期土地恢复原状等事项的处理：

＿＿＿＿＿＿＿＿＿＿＿＿＿＿＿＿＿＿＿＿＿＿＿＿＿＿＿＿＿＿＿＿＿＿。

八、违约责任

1. 甲乙双方在合同生效后应本着诚信的原则严格履行合同义务。因变更或解除合同使一方遭受损失的，除依法可免除责任外，应由责任方负责赔偿。

2. 甲方非法干预乙方生产经营活动，擅自变更或解除合同，给乙方造成损失的，应予以赔偿。

3. 乙方不按合同约定使用土地，改变土地用途、破坏水利等基本设施或给土地造成永久性损害的，甲方有权解除合同，并由乙方向甲方支付赔偿金。

4. 乙方不按合同约定支付股权红利的，按应支付红利的_____＿＿＿＿％承担违约金。甲方不按时交付入股土地的，应按每天＿＿＿＿＿＿元承担违约金。如果违约方支付违约金尚不足以弥补守约方经济损失，违约方应在违约金之外增加支付赔偿金。赔偿金的数额依具体损失情况，由甲乙双方协商。

九、其他约定

1. 本合同订立后，双方应将合同报发包方、乡（镇、街道）农村经营管理部门备案。

2. 本合同在履行过程中发生争议，双方协商解决。协商不成，可以请求村民委员会、乡（镇、街道）人民政府（办事处）调解，不愿调解或调解不成的，可以向农村土地承包纠纷仲裁机构申请仲裁，也可以向人民法院起诉。

3. 其他需要说明的事项：＿＿＿＿＿＿＿＿＿＿＿＿＿＿＿＿＿＿。

4. 本合同自双方签字后生效。经协商，决定＿＿＿＿＿＿（是或否）鉴证。未尽事宜，由双方共同协商补充，并报村和乡（镇、街道）备案，有关补充条款与本合同具有同等法律效力。

5. 本合同一式＿＿＿＿＿份，双方各执一份，发包方和乡（镇、街道）农村经营管理部门各备案一份（如有鉴证，相应增加一份）。

甲方（签字）：　　　　　　　　　　乙方（签字）：

身份证号：　　　　　　　　　　　　法人代表身份证号：

年　　月　　日　　　　　　　　　　年　　月　　日

鉴证单位：（签章）

鉴证人：（签章）

年　　月　　日

法律依据

《农村土地承包法》第 42 条："承包方之间为发展农业经济，可以自愿联合将土地承包经营权入股，从事农业合作生产。"

第 49 条："通过招标、拍卖、公开协商等方式承包农村土地，经依法登记取得土地承包经营权证或者林权证等证书的，其土地承包经营权可以依法采取转让、出租、入股、抵押或者其他方式流转。"

《农村土地承包经营权流转管理办法》第 19 条："承包方之间可以自愿将承包土地入股发展农业合作生产，但股份合作解散时入股土地应当退回原承包农户。"

第 35 条第 4 款："入股是指实行家庭承包方式的承包方之间为发展农业经济，将土地承包经营权作为股权，自愿联合从事农业合作生产经营；其他承包方式的承包方将土地承包经营权量化为股权，入股组成股份公司或者合作社等，从事农业生产经营。"

11 土地流转未经发包方同意，合同是否有效？

典型事例

王小军与王大刚系同村村民。2006 年，王小军全家迁往城镇居住，遂与王大刚口头约定，将其位于原居住村承包的土地、山林转让给王大刚。2008 年 8 月 17 日，王大刚给付王小军相应款项。此后，二者因转让面积发生争议。王小军遂以二者转让山林、土地未经发包方（原住村村委会）同意，且事后发包方亦未重新签订承包合同为由向法院起诉，请求确认转让山林、土地合同无效。

曹县人民法院一审认为，原告诉称其转让的是一半的山林、土地，被告辩称其受让的是原告承包的全部山林、土地，经审理无法查明转让山林、土地的面积及四至界限。因此，原告起诉要求确认的协议内容不具体，属标的不明，故驳回原告要求确认合同无效的诉讼请求。

一审判决后，原告不服，提起上诉。

市中级人民法院经审理认为，双方系口头协议，未签订书面合同，后因转让山林、土地的面积发生争议，但双方均无证据证明自己的主张，在协议达成后，直至起诉前未取得发包方的同意以补正合同的效力瑕疵，违背《农村土地承包法》和相关司法解释的强制性规定，故判决撤销一审判决，确认合同无效。

法律分析

本案争议焦点是，农村土地流转合同未采用书面形式，是否无效；山林、土地转让合同未经发包方同意，是否必然无效。

1. 本案农村土地流转合同未采用书面形式，是否无效？

《农村土地承包法》第37条第1款规定，土地承包经营权采取转包、出租、互换、转让或者其他方式流转，当事人双方应当采用书面形式。本案中，原告认为双方系口头约定，违反上述法律的强制性规定，不具备法律的形式要件，应当确认合同无效。但是，《合同法》第36条规定，法律、行政法规规定或者当事人约定采用书面形式订立合同，当事人未采用书面形式但一方已经履行主要义务，对方接受的，该合同成立。立法旨在维护交易稳定，对欠缺形式要件但一方已经履行主要义务，对方接受的合同应予以承认。本案中，被告已经将转让款支付给原告，原告也将其房屋及部分山林、土地交付给被告占有，被告已对上述财产形成事实上的管领，双方对合同的主要义务均已履行，应当适用

《合同法》第 36 条的规定，承认该合同的效力。

2. 农村土地承包经营权转让发包方同意是以"默示"还是"明示"方式？

最高人民法院《关于审理涉及农村土地承包纠纷案件适用法律问题的解释》（以下简称《解释》）第 13 条规定并未对"同意"的形式做出明确规定，"同意"是否包含"默示的同意"？

依据《农村土地承包法》第 34 条、37 条的规定，以转让方式流转土地承包经营权是承包方依法享有的权利，采取转让方式流转的，应当经发包方同意，采取其他方式流转的，应当报发包方备案。转让与转包、出租、互换等土地承包经营权的流转不同，采取转让方式流转的，应当经发包方同意，采取其他方式流转的，无须发包方同意。发包方是否同意主要看双方转让合同书上是否有发包方签字盖章明示批准同意转让。《合同法》第 44 条规定："依法成立的合同，自成立时生效。法律、行政法规规定应当办理批准登记等手续生效的，依照其规定。"土地承包经营权转让应当经发包方同意是一种审批权，是实质权利，不是可有可无，不经审批不能默示同意，也不能推定同意，认定发包方同意必须以发包方的明示为依据。

3. 法官对于农村土地承包经营权转让合同效力的认定需验证发包方不同意具有法定理由。

《解释》第 13 条规定，发包方无法定理由不同意或拖延表态的，不影响土地承包经营权转让合同的效力。以"无法定理由"和"拖延表态"认定转让合同有效，须以充分的证据为依据，不能无视发包方的审批权。如何正确理解《解释》第 13 条中的"法定理由"也是处理好此类纠纷的关键所在。根据《农村土地承包法》第 33 条、第 41 条的规定，发包方不同意土地承包经营权转让的法定理由一般应包括：

（1）承包方不具有稳定的非农职业或者稳定的收入来源的。如果农村承包户因一些原因转让自己赖以生存的土地承包经营权，将失去生活保障。因此，承包方只能在有稳定的非农职业、非农收入或者其他稳定的生活来源的情况下，才能转让其土地承包经营权。

（2）转让合同不符合平等、自愿、有偿原则。如果土地承包经营权的转让是一方受强迫或者胁迫的，应当认定发包方不同意具备"法定理由"。

（3）改变了承包土地的农业用途的。土地承包经营权转让的对象不是所有权，所以不能擅自改变土地的农业用途。

（4）土地承包经营权的受让方必须是从事农业生产经营的农户，其他单位和个人不能成为受让方。

（5）同等条件下，本集体经济组织成员享有优先权。

综上所述，农村双方当事人之间签订的土地承包经营权转让合同，若家庭户未经发包方村委会同意，法官在进行裁量时应看发包方是否有不同意转让的法定理由，若有法定理由，裁判合同无效；若无法定理由，应视情况裁定合同撤销或者有效。

法津依据

最高人民法院《关于审理涉及农村土地承包纠纷案件适用法律问题的解释》第 12 条："发包方强迫承包方将土地承包经营权流转给第三人，承包方请求确认其与第三人签订的流转合同无效的，应予支持。

发包方阻碍承包方依法流转土地承包经营权，承包方请求排除妨碍、赔偿损失的，应予支持。"

第 13 条："承包方未经发包方同意，采取转让方式流转其土地承包经营权的，转让合同无效。但发包方无法定理由不同意或者拖延表态的除外。"

第14条："承包方依法采取转包、出租、互换或者其他方式流转土地承包经营权，发包方仅以该土地承包经营权流转合同未报其备案为由，请求确认合同无效的，不予支持。"

《农村土地承包经营权流转管理办法》第11条："承包方与受让方达成流转意向后，以转包、出租、互换或者其他方式流转的，承包方应当及时向发包方备案；以转让方式流转的，应当事先向发包方提出转让申请。"

第25条："发包方对承包方提出的转包、出租、互换或者其他方式流转承包土地的要求，应当及时办理备案，并报告乡（镇）人民政府农村土地承包管理部门。

承包方转让承包土地，发包方同意转让的，应当及时向乡（镇）人民政府农村土地承包管理部门报告，并配合办理有关变更手续；发包方不同意转让的，应当于七日内向承包方书面说明理由。"

12　土地互换协议未进行登记，能否反悔呢？

典型事例

2005年9月，山东省某村村民孙全，因自己的两块承包地间隔太远，便将自己的8亩承包地与本村李才的7.5亩承包地进行了互换，后双方自愿签订了承包地互换协议，此后孙全一直耕种李才的这块土地，双方未出现任何争议。2014年，因修建公路需要，该县依法征用了孙全从李才家互换来的7.5亩承包地中的4亩土地，并给付了相应的征地补偿款。因土地征用补偿费较高，李才以当时互换承包地违反国家相关法律规定且未办理登记手续为由，要求换回土地，遭到孙全拒绝，双方由此产生纠纷。村委会多次调解无效后，孙全起诉至汤阴县法院，要求确认与李才的互换协议有效，同时享有4亩耕地的征用补偿款。

法津分析

本案是一起涉及土地承包经营权流转的案件。在我国农村地区，为方便耕种，村民之间互换耕地的行为时有发生，而村民法律意识不强、没有签订书面合同或者合同内容不完备，很容易产生矛盾纠纷，本案所争议的焦点就在于孙全、李才双方当时互换承包地的行为及签订的互换协议是否合法有效？4亩承包地的征用补偿款究竟应由谁来领取？

互换协议不以登记备案为生效条件，协议有效期低于整个土地承包期。《农村土地承包法》第32条规定："通过家庭承包取得的土地承包经营权可以依法采取转包、出租、互换、转让或者其他方式流转。"第40条规定："承包方之间为方便耕种或者各自需要，可以对属于同一集体经济组织的土地的土地承包经营权进行互换。"根据上述规定可以看出，互换是我国土地承包经营权流转的一种法定方式，因此，孙全和李才采取互换方式分别取得对方土地的承包经营权并不违反法律规定。

同时，《农村土地承包法》第37条第1款规定："土地承包经营权采取转包、出租、互换、转让或者其他方式流转，当事人双方应当签订书面合同。采取转让方式流转的，应当经发包方同意；采取转包、出租、互换或者其他方式流转的，应当报发包方备案。"第38条规定："土地承包经营权采取互换、转让、方式流转，当事人要求登记的，应当向县级以上地方人民政府申请登记。未登记的，不得对抗善意第三人。"根据上述法条规定，采取互换方式进行土地承包经营权流转无须发包方集体经济组织同意。同时，根据最高人民法院《关于审理涉及农村土地承包纠纷案件适用法律问题的解释》第14条的规定："承包方依法采取转包、出租、互换或者其他方式流转土地承包经营权，发包方仅以该土地承包经营权流转合同未报其备案为由，请求确认合同无效的，不予支持。"因此，向发包方备案也不是承包经营权互换行为生效的必要条件。因此，备案与否并不影响互换土地行为的效力，只是不得对抗善意第三人。只要互换土地双方当事人是同一集体经济组织的成员，互换是自愿行为，没有违反我国的法律法规，则土地互换行为即有效。本案中孙全和李才是同一集体经济组织的成员，双方签订书面协议，自愿互换承包地且已经耕种8年，应认定该土地互换行为合法有效，4亩承包地的征用补偿款应由孙全领取。

在这里需要注意的是互换土地协议期限的问题，在双方互换土地协议有效的情况下，如果双方没有约定互换的期限，那么互换一方如果反悔了，是否有权主张换回土地呢？对该问题法律没有明确规定，但《农村土地承包法》第20条规定耕地的承包期为30年，根据我国依法保护农村土地承包关系的稳定原则以及合同的诚实信用原则，互换期限应为整个承包期内的互换。在整个承包期限内，在互换土地协议有效的情况下，任何一方应当无权单方面主张换回土地。

法律依据

《农村土地承包法》第20条："耕地的承包期为三十年。草地的承包期为三十年至五十年。林地的承包期为三十年至七十年；特殊林木的林地承包期，经国务院林业行政主管部门批准可以延长。"

第32条："通过家庭承包取得的土地承包经营权可以依法采

取转包、出租、互换、转让或者其他方式流转。"

第37条："土地承包经营权采取转包、出租、互换、转让或者其他方式流转，当事人双方应当签订书面合同。采取转让方式流转的，应当经发包方同意；采取转包、出租、互换或者其他方式流转的，应当报发包方备案。

土地承包经营权流转合同一般包括以下条款：

（一）双方当事人的姓名、住所；

（二）流转土地的名称、坐落、面积、质量等级；

（三）流转的期限和起止日期；

（四）流转土地的用途；

（五）双方当事人的权利和义务；

（六）流转价款及支付方式；

（七）违约责任。"

第40条："承包方之间为方便耕种或者各自需要，可以对属于同一集体经济组织的土地的土地承包经营权进行互换。"

最高人民法院《关于审理涉及农村土地承包纠纷案件适用法律问题的解释》第14条："承包方依法采取转包、出租、互换或者其他方式流转土地承包经营权，发包方仅以该土地承包经营权流转合同未报其备案为由，请求确认合同无效的，不予支持。"

13 土地租赁合同因第三人原因不能履行，该怎么办？

典型事例

2004年7月，赵光与广武镇广武村十四组签订租地协议一份，协议约定：赵光租用广武村十四组土地5.4亩，租期15年，自2004年7月1日至2019年7月1日，租金每年432元，租金于合同履行期内的每年7月1日向广武村十四组缴清，协议另约定，赵光将土地向外承包和转让时需得到生产组的同意。2008年12月经秦章群、赵光双方协商，赵光将租用广武村十四组的部分土地转包给秦章群经营使用，并经广武村十四组同意，秦章群、赵光于2008年12月11日签订土地协议一份。同月13日，秦章群、赵光双方又签订补充协议一份，补充协议约定：承包期自2008年12月13日至2019年7月1日，共10年零6个月，租金每年1500元，共计15750元，秦章群一次性支付赵光。合同签订后，秦章群按补充协议约定的数额一次性支付赵光土地租金15750元及桐树折价款2590元。之后，秦章群即开始清理土地，准备建造游泳池。2009年元月，广武镇广武村十四组将赵光租给秦章群的土地收回并规划为村民宅基地，赵光不能给秦章群提供土地供秦章群经营使用，致使秦章群、赵光所签订的租地协议无法继续履行。后秦章群要求赵光退还租金，双方协商未果。

赵光自2009年元月起未向广武镇广武村十四组缴纳过土地租金。

秦章群诉称，合同签订后秦章群即依约支付了租金及桐树款。当秦章群准备经营时，因赵光与组里的纠纷，致使村民组阻挡秦章群使用该土地，之后，秦章群找赵光协商解除合同返回租金，赵光均不同意，现诉至法院，请求解除秦章群、赵光所签订的租地协议，并判令赵光返还租金15750元，并赔偿秦章群损失3190.55元，承担本案诉讼费用。

赵光辩称，赵光2004年7月承包组里荒地后，投资进行了平整、经营并种植泡桐树。2008年秦章群找赵光协商要求租用部分土地进行经营活动。秦章群租地后未经有关部门同意，也未办理任何手续即乱砍滥伐，深挖土地搞建筑，破坏土地资源，组里群众不满并产生矛盾，致使秦章群无法继续使用该土地，赵光不应赔偿秦章群损失。赵光所得到的是赵光为该土地的投资款，是赵光应得的。且双方是按 2008 年 12 月 11 日的协议实际履行的，赵光收秦章群租金是 8000 余元，秦章群要求返还租金是无理要求，请求法院予以驳回。

法津分析

河南省荥阳市人民法院认为，秦章群、赵光双方签订的租地协议及补充租地协议系双方当事人的真实意思表示，且不违反有关法律规定，该协议有效。协议在履行过程中广武镇广武村十四组将其与赵光 1994 年 7 月 1 日所签订的协议声明作废，并将土地收回划作村民宅基地，由于第三方原因致使赵光违约，赵光不能继续提供土地供秦章群经营使用，导致秦章群、赵光所签订的租地协议无法继续履行，秦章群请求解除双方所签订的租地协议，本院予以准许。秦章群要求赵光返还土地租金 15750 元，因双方签订租地协议后，广武镇广武村十四组就于 2009 年元月将赵光租给秦章群的土地收回，协议无法继续履行，且赵光从 2009 年元月起也未再向广武镇广武村十四组缴纳过土地承包款，故秦章群要求赵光返还承包款 15750 元，赵光应予返还。秦章群要求赵光赔偿经济损失 3190.55 元，因无证据，不予支持。赵光辩称，因秦章群乱砍滥伐，破坏土地资源，引起群众不满，致使合同无法履行，不应退还秦章群租金，以及秦章群只交给赵光承包款 8000 元之理由，因未提供相关证据，理由不能成立，不予采纳。

河南省荥阳市人民法院依照《中华人民共和国合同法》第 8 条、第 97 条、第 121 条之规定，作出如下判决：解除赵光与秦章群签订的租地协议及补充租地协议；赵光于判决生效后十日内返还秦章群租金 15750 元。

法津依据

《合同法》第8条："依法成立的合同，对当事人具有法律约束力。当事人应当按照约定履行自己的义务，不得擅自变更或者解除合同。

依法成立的合同，受法律保护。"

第97条："合同解除后，尚未履行的，终止履行；已经履行的，根据履行情况和合同性质，当事人可以要求恢复原状、采取其他补救措施，并有权要求赔偿损失。"

第121条："当事人一方因第三人的原因造成违约的，应当向对方承担违约责任。当事人一方和第三人之间的纠纷，依照法律规定或者按照约定解决。"

《农村土地承包法》第39条："承包方可以在一定期限内将部分或者全部土地承包经营权转包或者出租给第三方，承包方与发包方的承包关系不变。

承包方将土地交由他人代耕不超过一年的，可以不签订书面合同。"

14 全家落户到城镇后，是否还能进行土地的流转?

典型事例

福建省某村村民周五一家三口承包了村里的8亩耕地，并和村里签订了30年的土地承包合同。周五在农忙之余还制作铝合金门窗并且产品销路一直比较好。为了专心制作铝合金门窗和便于销售，周五便在镇上购买了商品房和铺面房各一套，并将全家搬迁了过去。同时周五与同村村民王某签订了土地转包合同，转包期

10 年。村委会在得知周五将土地转包给他人后，以周五全家迁入城镇为由，向周五提出收回其承包的土地。而周五则认为，虽然自己已搬至小城镇，但土地承包合同尚未到期，自己有权将土地转包。

法津分析

周五全家三口人户口迁入当地所在的小城镇，转为非农业户口，其全家土地承包权的流转，应该属于《农村土地承包法》第 26 条第 2 款"承包期内，承包方全家迁入小城镇落户的，应当按照承包方的意愿，保留其土地承包经营权或者允许其依法进行土地承包经营权流转"所规定的情形，不属于《农村土地承包法》第 26 条第 3 款"承包期内，承包方全家迁入设区的市，转为非农业户口的，应当将承包的耕地和草地交回发包方。承包方不交回的，发包方可以收回承包的耕地和草地"所规定的情形，因此，周五所在的村民委员会以他全家三口人的户口迁入到小城镇为由，收回其全家三口人承包的土地是错误的。

根据我国《宪法》规定，我国建制市分为县级、地级、副省级和省级四个等级。中国有四个省级市，即北京、天津、上海、重庆这四个直辖市。直辖市和较大的市可分为区、县，县级市不设区，所以，所谓的"设区市"即设有区一级行政区划的地级和地级以上的市。

因此，根据《农村土地承包法》第 26 条第 3 款"承包期内，承包方全家迁入设区的市，转为非农业户口的，应当将承包的耕地和草地交回发包方。承包方不交回的，发包方可以收回承包的耕地和草地"中提到的"承包期内，承包方全家迁入设区的市，转为非农业户口的"的内容，结合福建省的客观实际，周五全家三口人的户口，如果是迁入了福州、莆田、厦门、泉州、漳州、三明、南平、龙岩、宁德9个设区的市，那么，其所在的村民委员会收回其家庭所承包土地是合法的，不过，因为周五全家三口人的户口所迁入的是县（区）级城市或者城镇这些"小城镇"，因此，其所在的村民委员会收回其家庭承包土地的做法违背法律规定。

全家迁入设区的市，转为非农业户口的，他们已经不属于农村集体经济组织成员，不宜再享有在农村作为生产生活基本保障的土地承包经营权。另外，相对于小城镇来说，设区的市的社会保障制度比较健全，承包人即使失去了稳定的职业或收入来源，一般也可以享受城市居民最低生活保障等社会保障，如果允许其继续保留承包地，就会使其既享有土地承包经营权，又享有城市社会保障，有悖社会公平。还有，设区的市的就业机会相对较多，承包人可以通过各种渠道获得生活保障，其在农村享有的土地承包经营权所具有的基本生活保障功能显著弱化，为缓解农村日益加剧的人地矛盾，发展农村经济，承包人应当交回所承包的土地，使留在农村的农民有较多的土地耕种。

法律依据

《农村土地承包法》第26条："承包期内，发包方不得收回承包地。

承包期内，承包方全家迁入小城镇落户的，应当按照承包方的意愿，保留其土地承包经营权或者允许其依法进行土地承包经营权流转。

承包期内，承包方全家迁入设区的市，转为非农业户口的，应当将承包的耕地和草地交回发包方。承包方不交回的，发包方可以收回承包的耕地和草地。

承包期内，承包方交回承包地或者发包方依法收回承包地时，承包方对其在承包地上投入而提高土地生产能力的，有权获得相应的补偿。"

15 外出打工，家里的地被村委会转包给他人，合法吗？

典型事例

2005 年，李小泉带着妻子到城里去打工，家里的 5 亩地因为没人种植，就一直处于撂荒状态。在他们夫妻俩打工期间，村委会未经其同意，于 2006 年下半年将属于他们的承包地转包给了村里的老刘。打工在外的李小泉夫妇由于在外生活艰难，加上国家对农村的补贴越来越吸引人，于是二人就结束了在外的生活，返乡准备重新耕种田地。二人回到村里才得知，自己的承包地早已被村委会私自转包给了他人。李某夫妇与村委会几经协商，还是没有使得村委会交回自己的土地，无奈之下，李某夫妇申请仲裁。

法律分析

《农村土地承包法》第 5 条指出："农村集体经济组织成员有权依法承包由本集体经济组织发包的农村土地。任何组织和个人不得剥夺和非法限制农村集体经济组织成员承包土地的权利。"表明了凡是农村集体经济组织的发包土地，本集体经济组织的内部成员都有平等的承包权利。就本案而言，李某夫妇户口并未迁出本村，其集体经济组织成员的身份没有改变，这点并没有异议。最高人民法院《关于审理涉及农村土地承包纠纷案件适用法律问题的解释》第 1 条第 2 款规定："集体经济组织成员因未实际取得土地承包经营权提起民事诉讼的，人民法院应当告知其向有关行政主管部门申请解决。"确定是否应由人民法院受理此类纠纷，需要从集体经济组织成员权的性质以及土地承包经营权的基础两个方面来考虑。在本案中，李小泉原已与村集体签订了土地承包合同，根据《农村土地承包法》第 20 条的规定，耕地的承包期为 30 年，其土地承包合同并未到期，在承包期内外出打工，此种情况符合弃耕的规定，属于法院的受理范围。另外，承包土地是农民的基本权利，是法律明确规定的，不能附加任何条件，即不能以未向乡村集体缴纳相关费用为由阻碍农民行使承包土地的权利，对于农民拖欠村集体的相关费用，村集体可以另案起诉处理。

前几年，承包土地时上缴各种费用，在负担过于沉重的情况下，农民弃耕、撂荒外出打工现象普遍存在。发包方乘机将土地收回，并发包给他人，使得这些农民回到农村时，无地可种。土地是农民赖以生存的基础，农民通过家庭承包方式依法享有土地承包权，在性质上属于物权，发包方收回承包方弃耕、撂荒的承包地是对法定物权的侵害，土地承包经营权人有权基于物权人的身份寻求法律保护。根据不同情况，妥善解决好弃耕农民的土地问题是确保农村社会稳定的重点所在。最高人民法院《关于审理涉及农村土地承包纠纷案件适用法律问题的解释》第 6 条规定："因发包方违法收回、调整承包地，或者因发包方收回承包方弃耕、撂荒的承包地产生的纠纷，按照下列情形，分别处理：（一）发包方未将承包地另行发包，承包方请求返还承包地的，应予支持；（二）发包方已将承包地另行发包给第三人，承包方以发包方和第三人为共同被告，请求确认其所签订的承包合同无效、返还承包地并赔偿损失的，应予支持。但属于承包方弃耕、撂荒情形的，对其赔偿损失的诉讼请求，不予支持。"本条就是针对因发包方违法收回、调整承包地，或者收回承包方弃耕、撂荒的承包地产生的纠纷如何处理的规定。

根据《农村土地承包法》及相关司法解释，我们可以总结出，对于弃耕土地外出打工现返乡索要土地的，可以区分以下情况加以解决：一是村集体收回的弃耕地，尚未重新发包的，可以继续发包给原承包方继续承包；二是村集体有机动地的，可以用机动地解决；三是原弃耕地村集体交由他人代包的，可以让其代包人退还给原承包人；四是村集体确实无地的，可通过承包经营权流转形式让原弃耕农民代包他人的承包土地；五是村集体将原弃耕农民的土地收回后已全部发包出去了，村集体没有其他的土地，如果本集体经济组织弃耕农民要求承包地较多，且占有人口比重较大的，只要本集体经济组织2/3以上的成员同意，可以按照有关法定程序适当调整土地。

法 律依据

《农村土地承包法》第5条："农村集体经济组织成员有权依法承包由本集体经济组织发包的农村土地。

任何组织和个人不得剥夺和非法限制农村集体经济组织成员承包土地的权利。"

最高人民法院《关于审理涉及农村土地承包纠纷案件适用法律问题的解释》第1条第2款：集体经济组织成员因未实际取得土地承包经营权提起民事诉讼的，人民法院应当告知其向有关行政主管部门申请解决。"

第6条："因发包方违法收回、调整承包地，或者因发包方收回承包方弃耕、撂荒的承包地产生的纠纷，按照下列情形，分别处理：

（一）发包方未将承包地另行发包，承包方请求返还承包地的，应予支持；

（二）发包方已将承包地另行发包给第三人，承包方以发包方和第三人为共同被告，请求确认其所签订的承包合同无效、返还承包地并赔偿损失的，应予支持。但属于承包方弃耕、撂荒情形的，对其赔偿损失的诉讼请求，不予支持。

前款第（二）项所称的第三人，请求受益方补偿其在承包地上的合理投入的，应予支持。"

16 签入二轮土地承包后，能否索要原土地征用补偿款？

典型事例

2008 年，为了各自耕种的方便，王小古用自己位于大光村西南的 5 亩地同杨群的位于村东头的 4.5 亩地进行了互换，双方互换后在一轮承包期间内没有办理变更手续。等到二轮延包时，村委会将互换后的村东头的 4.5 亩地签入了王小古的延包合同里，同时，将西南的 5 亩地签入了杨群的延包合同里。2012 年，他们所在的村由于铁路建设进行征地，村东头的 4.5 亩地被征用，为此王小古获得了一笔可观的土地补偿费，这片地的原使用人杨群要求获得这笔补偿款，但是遭到了王小古的拒绝，双方协商不成的情况下，杨群向仲裁委员会提请申诉，要求王小古归还村东头 4.5 亩地的承包经营权。

法律分析

本案中，杨群是否有权利要求王小古归还土地呢？

杨群与王小古属于同一集体经济组织成员，双方互换承包地的行为符合法律规定，并且双方已经互换了多年，在进行土地二轮延包时，也已经将互换地签入了各自的二轮延包合同，所以，土地互换行为完全合法有效。

我国《农村土地承包法》第 32 条规定："通过家庭承包取得

的土地承包经营权可以依法采取转包、出租、互换、转让或者其他方式流转。"互换是指承包方之间为方便耕作或者各自需要，对属于同一集体经济组织的承包地块进行交换，同时交换相应的土地承包经营权。《农村土地承包法》第33条规定："土地承包经营权流转应当遵循以下原则：（一）平等协商、自愿、有偿，任何组织和个人不得强迫或者阻碍承包方进行土地承包经营权流转；……"与《农村土地承包法》相配套的《农村土地承包经营权流转管理办法》第17条规定："同一集体经济组织的承包方之间自愿将土地承包经营权进行互换，双方对互换土地原享有的承包权利和承担的义务也相应互换，当事人可以要求办理农村土地承包经营权证变更登记手续。"

本案中，杨某和张某是通过平等协商，根据各自的需求，自愿互换土地，虽然在第一轮土地承包期间没有变更土地承包经营权登记，但是在第二轮延包时，双方互换的土地已经分别被签入合同当中，两户当时对此并没有异议，所以互换合法有效。互换土地的后果就是双方各自取得了所换得土地的使用权和收益权，同时丧失了原承包土地的使用权和收益权。即便是在征地获得补偿款时，这部分的补偿款也是属于现在拥有土地使用权的农户，因此，杨群索要补偿款的行为没有法律依据，更不能要求收回承包经营权。

法律依据

《农村土地承包经营权流转管理办法》第17条："同一集体经济组织的承包方之间自愿将土地承包经营权进行互换，双方对互换土地原享有的承包权利和承担的义务也相应互换，当事人可以要求办理农村土地承包经营权证变更登记手续。"

17 土地流转后，剩余的土地流转费属于谁？

典型事例

老谢在6年前将自己的承包地转包给了同村的张三，双方的土地转包合同中约定，转包期限25年，转包费2万元，其中转包费是一次性付清。2012年老谢在城里买了房子，一家三口转为城市户口。村委会认为老谢已经迁出了户口，就不再享有土地承包经营权，因此也不应该再收取土地流转费，故要求老谢将2012年以后的土地流转费归还给村委会所有。老谢不同意村委会的做法，认为自己转包在先，迁出户口在后，收入应该归个人所有。双方争执不下，于是村委会将老谢告上了法庭。

法津分析

本案中，村委会到底有没有权力将土地流转费纳为己有呢？

《农村土地承包法》第10条规定，国家保护承包方依法、自愿、有偿地进行土地承包经营权流转。这样规定的目的在于保障农村土地长期稳定的承包经营政策。但这并不意味着农民取得土地后就永久地拥有土地的承包经营权。我国对于土地的承包均设定了一定的期限，比如耕地的承包期限最高为30年。如果在集体经济组织收回土地承包经营权之前，承包方已经通过转包、出租的方式将自身的土地流转给第三人，且流转期限尚未届满的，发包方有权请求第三方支付剩余流转期限的价款，亦即第三方要将价款交给集体经济组织，而不是已经丧失土地承包经营权的转包人。

最高人民法院《关于审理涉及农村土地承包纠纷案件适用法律问题的解释》第9条规定："发包方根据农村土地承包法第二十六条规定收回承包地前，承包方已经以转包、出租等形式将其土地承包经营权流转给第三人，且流转期限尚未届满，因流转价款收取产生的纠纷，按照下列情形，分别处理：（一）承包方已经一次性收取了流转价款，发包方请求承包方返还剩余流转期限的流转价款的，应予支持；（二）流转价款为分期支付，发包方请求第三人按照流转合同的约定支付流转价款的，应予支持。"

从上述司法解释我们可以看出，承包方无权收取剩余期限的流转价款，不论是一次性收取还是分期收取，都需要将相应的剩余部分价款交还给集体经济组织。

本案中，由于老谢全家迁入了市区，户口已经转为非农业户口，我国《农村土地承包法》第 26 条第 3 款规定："承包期内，承包方全家迁入设区的市，转为非农业户口的，应当将承包的耕地和草地交回发包方。承包方不交回的，发包方可以收回承包的耕地和草地。"所以，本案中的村委会是有权利自 2012 年起收回老谢全家承包的土地的。本案中老谢既然已经把土地转包出去了，那么发包方不必将土地收回再进行发包，只需要收取土地流转费即可。

法 津依据

最高人民法院《关于审理涉及农村土地承包纠纷案件适用法律问题的解释》第 9 条："发包方根据农村土地承包法第二十六条规定收回承包地前，承包方已经以转包、出租等形式将其土地承包经营权流转给第三人，且流转期限尚未届满，因流转价款收取产生的纠纷，按照下列情形，分别处理：

（一）承包方已经一次性收取了流转价款，发包方请求承包方返还剩余流转期限的流转价款的，应予支持；

（二）流转价款为分期支付，发包方请求第三人按照流转合同的约定支付流转价款的，应予支持。"

18 转让土地都需要什么条件？

典型事例

1998 年 9 月 1 日，某市黄岭镇杨家庄村的杨广义承包了本村的 0.67 公顷土地，并领取了本市人民政府颁发的土地承包经营权证，承包期限为 30 年。2006 年春节过后，杨广义全家搬到市区从事商业经营，便在 2006 年 8 月 30 日把承包的土地转给了邻村的刘某耕种经营，期限为 2006 年 8 月 30 日到杨广义 30 年土地承包的截止日 2028 年 8 月 31 日，双方还签订了"土地转让合同"。

2012 年 3 月，该村村民委员会以杨广义向刘某转让土地承包经营权事先没有经过村民委员会同意为由，向某市人民法院提起诉讼，请求法院认定杨广义向刘某转让土地承包经营权的行为无效，并判令杨广义向村民委员会交回所承包土地。杨广义则认为自己流转土地的行为属于转包，并不需要经过发包方同意。

法津分析

本案中，杨广义流转土地到底是属于转包还是转让，这决定了他的行为是否有效。我国法律规定，转包是不需要发包方同意的，因为转包是将土地转包给本集体经济组织成员。而土地的转让则必须经过发包方同意，因为，转让是将土地流转给本集体经济组织以外的成员。本案中，杨广义的行为显然是属于土地转包行为。

《农村土地承包法》第 41 条规定："承包方有稳定的非农职业或者有稳定的收入来源的，经发包方同意，可以将全部或者部分土地承包经营权转让给其他从事农业生产经营的农户，由该农户同发包方确立新的承包关系，原承包方与发包方在该土地上的承包关系即行终止。"按该条规定，农村土地承包经营权转让条件有：

1. 转让方必须有稳定的非农职业或者有稳定的收入来源。土地承包经营权是农民最基本的生活保障，只有农民可以完全不以土地为生活来源的时候，才允许其转让。其限制承包方不得随意转让的目的是保障承包方的基本生活来源，使耕者有其田。

2. 须经发包方同意。规定转让土地承包经营权要经发包方同意，而不像转包、出租和互换土地承包经营权，只需要向发包方备案即可。这是因为转让土地承包经营权，使得原承包关系终止，发包方与受让方要确立新的承包关系。因此发包方必须审查转让方转让土地承包经营权后是否有非农职业或稳定收入来源；审查受让方是否符合法律规定的土地承包主体资格，是否具有承包经营能力，直接关系到承包合同的履行。

3. 受让方应当是从事农业生产的农户。即一是受让方必须是农户，二是受让方受让承包经营权后必须从事农业生产，不得从事非农建设。

法津依据

《农村土地承包法》第 41 条："承包方有稳定的非农职业或者有稳定的收入来源的，经发包方同意，可以将全部或者部分土地承包经营权转让给其他从事农业生产经营的农户，由该农户同发包方确立新的承包关系，原承包方与发包方在该土地上的承包关系即行终止。"

19 土地转包与土地转让都有哪些区别？

典型事例

案例一：1998 年 9 月 1 日，某县清坪镇刘家庄村的刘某承包了本村的 21 亩土地，并领取了该县人民政府颁发的土地承包经营权证，承包期限为 30 年。2007 年春节过后，刘某全家搬到县城从事商业经营，便在 2007 年 8 月 30 日将承包的土地转给了本村的张某耕种经营，期限为 2007 年 8 月 30 日到刘某 30 年土地承包的截止日 2028 年 8 月 31 日，双方还签订了"土地转让合同"。张某每年向刘某交纳承包费 2000 元。2008 年 5 月，该村村民委员会以刘某向张某转让土地承包经营权事先没有经过村民委员会同意为由，向人民法院提起诉讼，请求法院认定刘某向张某转让土地承包经营权的行为无效，并判令刘某向村民委员会交回所承包土地。

案例二：王某与某村委会签订了承包鱼塘合同，承包期内，将该鱼池转让给李某。协议约定："一切承包鱼池费用由李某负责；鱼塘现有设备完全由李某所有；如有特殊情况不能养殖，可由现承包人往下转包。"王某将鱼池转让给李某后，并没有告诉该村委会，但该村委会知道后，并没有提出异议。后因其他的原因，该村委会以王某未经该村委会同意为由向人民法院提起诉讼，请求法院认定王某向李某"转包"鱼塘的行为无效，并判令李某向该村民委员会交回鱼塘。

法律分析

要想弄清上述案例中哪一方的请求合法，我们首先要知道土地转包与土地转让的区别。

1. 转包是在不变更原承包人与村里承包合同的基础上，承包人把自己承包的土地再承包给第三方。

2. 土地承包经营权转让，是指承包人把自己承包的土地让与第三方承包，第三方建立了与村里经济组织的承包合同，原承包人退出。实质就是卖了承包经营权。

3. 转包存在两个承包合同关系，转让只存在一个承包合同关系。

4. 转包在不改变土地用途情况下不需要发包方同意，但合同另有约定的除外，但一般要求备案，不备案也不会因此无效；转让必须通过发包方同意，才可以实现。转让承包经营权实质上是合同权利义务的转移，必须取得发包方同意。

农村土地不能转让，我国《土地管理法》规定，农村集体所有者不能买卖土地产权，只能依法在一定期限内有偿出租或让渡土地使用权；也不能随意改变所属耕地的用途，因特殊情况确需征占自己所有耕地时，也必须经国家有关部门批准。既然不能转让，那土地转让和土地承包的区别也就无从说起。

至于土地转包，法律是允许的。《农村土地承包法》第 10 条规定："国家保护承包方依法、自愿、有偿进行土地承包经营权流转。"《农村土地承包法》第 32 条规定："通过家庭承包取得的土地承包经营权可以依法采取转包、出租、互换、转让或者其他方式流转。"《农村土地承包法》第 37 条第 1 款规定："土地承包经营权采取转包、出租、互换、转让或者其他方式流转，当事人双方应当签订书面合同。采取转让方式流转的，应当经发包方同意。"可见，土地承包经营权可以作为特殊民事权利进行处分，但承包人流转土地承包经营权的行为需符合一定的条件。对于转包行为，需要双方签订书面合同，并经发包方备案；对于转让行为，需经双方签订书面合同，并经发包方同意。

案例一中，刘某与张某签订的"土地转让合同"规定，转让合同的期限为 2007 年 8 月 30 日到刘某 30 年土地承包的截止日 2028 年 8 月 31 日，每年向刘某交纳承包费 2000 元，原刘某与刘家庄村的土地承包经营合同并没有解除，刘某仍是原土地承包经营合同的承包人，虽然刘某与张某签订的土地承包经营权流转合同采用"转让"字样，但实质上是土地转包合同，性质上不属于土地承包经营权的转让，因此，根据我国《农村土地承包法》等法律法规的相关规定，法院应当依法驳回刘家庄村村民委员会的诉讼请求。

案例二中，王某与李某转让协议中虽有"转包"字样，但"转包"的内容是："一切承包鱼池费用由李某负责；鱼塘现有设备完全由李某所有；如有特殊情况不能养殖，可由现承包人往下转包。"可见，王某的"转包"已经使王某失去了根据原承包合同应享有的一切权利，原承包合同的权利义务主体已变更为李某。因此，笔者认为，王某与李某转让协议中虽有"转包"字样，但实质上是王某将鱼塘转让给李某，王某与李某不是"转包"关系，而是"转让"关系。该转让未经村委会同意是否有效呢？从原则上讲，这种擅自转让是无效的。但村委会对此并未提出异议，且在乙经营过程中也未提出异议。从上述事实看，应当认定村委会默认了王某与李某的转让行为。某村委会请求法院认定王某向李某"转包"鱼塘合同的行为无效，法院不应支持，应驳回某村委会的诉讼请求。

法津依据

《农村土地承包法》第 32 条："通过家庭承包取得的土地承包经营权可以依法采取转包、出租、互换、转让或者其他方式流转。"

第 37 条第 1 款："土地承包经营权采取转包、出租、互换、转让或者其他方式流转，当事人双方应当签订书面合同。采取转让方式流转的，应当经发包方同意；采取转包、出租、互换或者其他方式流转的，应当报发包方备案。"

20 村委会改变土地用途进行出租，合法吗?

典型事例

1999 年 12 月 18 日，村民于某与西马坊村委会签订《海淀区农村菜、粮承包合同书》，承包村内粮田 3.08 亩，菜田 0.18 亩，菜地位置在桥东路北，经营期限为 2000 年 1 月 1 日至 2004 年 12 月 31 日。合同签订后，于某开始经营该土地。2004 年 10 月 14 日，于某与西马坊村委会签订《海淀区农村菜、粮承包合同书》，承包土地 4.62 亩，菜地 0.54 亩，承包期限为 2005 年 1 月 1 日至 2029 年 12 月 31 日。

于某称，合同签订后不久，西马坊村委会找到于某说村里要修路，需通过于某的承包地，让于某将合同中的桥东路北田道北的 0.18 亩流转给村委会，以便村委会能够修路，于某口头同意了西马坊村委会的要求，并领取了当年的流转金。但在双方签订流转合同时，于某发现西马坊村委会在自己的承包地上建起了房屋出租，并没有修路，于某认为无合法手续且无任何批示的情况下在耕地上建房是违法的，且与原西马坊村委会双方商定的用途不符，故向西马坊村委会提出不同意流转，拒绝签订流转合同，并要求西马坊村委会马上归还于某土地，但西马坊村委会以于某领取了一年的流转费为由，拒不归还。

法津分析

本案中，村委会的出租属于非法出租土地。《土地管理法》第63条规定："农民集体所有的土地的使用权不得出让、转让或者出租用于非农业建设；但是，符合土地利用总体规划并依法取得建设用地的企业，因破产、兼并等情形致使土地使用权依法发生转移的除外。"该法第81条规定："擅自将农民集体所有的土地的使用权出让、转让或者出租用于非农业建设的，由县级以上人民政府土地行政主管部门责令限期改正，没收违法所得，并处罚款。"

另外，依照《农村土地承包法》的有关规定，土地承包经营权流转，应当遵循平等协商、自愿、有偿、任何组织和个人不得强迫或阻碍承包方进行土地承包经营权流转、不得改变土地所有权的性质和土地的农业用途等原则。土地承包经营权流转当事人双方应当签订书面合同。承包期内，除法定情形外，发包方不得收回、调整承包地；承包方自愿交回承包地的，应当履行法定的交回程序，未履行法定程序的，不能被视为自愿交回承包土地。于某与西马坊村委会并未签订书面的土地承包经营权流转合同，因此，虽然于某最初表示愿意流转，并领取了一年的相应土地流转金，但于某承包的土地并不能被认为已经实际流转。于某发现意欲流转的土地被改变用途，有权决定不流转诉争土地，不与西马坊村委会签订土地流转合同。西马坊村委会所持于某已将土地流转、交回、已经为其调整土地等土地承包合同变更的相关抗辩，均无事实依据，且与有关法律相悖。西马坊村委会应当将于某承包的土地恢复原状后交还于某，并依据双方于2004年10月14日签订的《海淀区农村菜、粮承包合同书》的约定继续由于某承包经营。西马坊村委会占用该诉争土地应当基于公平原则给予于某适当补偿。

据此，法院终审判决：北京市海淀区上庄镇西马坊村村委会将于某承包经营的位于西马坊村桥东路北田间道路北0.18亩菜地，恢复菜地原貌，交还于某继续依照双方于2004年10月14日签订的《海淀区农村菜、粮承包合同书》承包经营。同时，西马坊村村委会按照每年360元标准，给付于某2006年至2008年的占地补偿费人民币1080元。

法津依据

《土地管理法》第63条："农民集体所有的土地的使用权不得出让、转让或者出租用于非农业建设；但是，符合土地利用总体规划并依法取得建设用地的企业，因破产、兼并等情形致使土地使用权依法发生转移的除外。"

第81条："擅自将农民集体所有的土地的使用权出让、转让或者出租用于非农业建设的，由县级以上人民政府土地行政主管部门责令限期改正，没收违法所得，并处罚款。"

21 委托他人代耕的土地，可以要求收回吗？

典型事例

张大庆系某村集体组织成员，张大庆与其妻李晓丽从村委分得口粮地2.5亩，双方签订了30年的土地承包合同，但未办理土地承包经营权证。后张大庆与李晓丽随子女到小城镇生活（户口仍为农业户口），遂将上述口粮地交给同村集体组织成员王全经营，双方亦未签订合同。但村委会在土地账册上将张大庆名下的上述土地调划至王全名下，王全亦以自己的名义向村委会直接缴纳土地承包费等费用。一年后张大庆、李晓丽返回该村，并以其现无地耕种亦无稳定职业和收入来源为由，要求收回交给王全代耕的土地。王全则以诉争土地已转让给自己为由拒绝返还。另查，村委会对张大庆与王全间是否系土地转让关系及其是否同意转让均未明确表态。

法律分析

本案中诉争土地作为口粮地，系张大庆、李晓丽的安身立命之本，张大庆、李晓丽全家迁入小城镇生活，并不当然丧失土地的承包经营权。诉争土地虽然交给王全经营，且对土地账册进行了调整，并由王全直接向村委会缴纳土地费用，但该事实均不足以表明张大庆、李晓丽已同意将土地转让给王全，村委会在诉讼中对双方土地转让的事实也未予明确认可，应视为不同意转让，故王全主张土地转让关系没有充足证据证明，其主张不能成立，应认定诉争土地系张大庆、李晓丽委托王全代为耕种，张大庆、李晓丽有权要求王全返还承包地。

首先，从诉争土地的性质看，本案流转的土地为口粮地，口粮地系以家庭户为单位按照家庭人口分配给村集体组织成员的耕地，系家庭成员的安身立命之本。《农村土地承包法》及相关司法解释中规定，除了家庭承包户全家迁入设区的市、转为非农业户口，发包方可以收回除林地以外的耕地及草地外，家庭承包户迁入其他城市和镇的原则上均不丧失对土地的承包经营权（但承包户自愿放弃、经集体组织审查同意的除外）。可见，以家庭方式承包耕地的承包户之承包经营权由现行法律进行了限制性保护，这也与维护农村稳定，保证农户享有土地这一基本生存利益的立法目的相一致。对口粮地之承包经营权流转，除符合流转的法定要件外，还必须具备两个前提，即承包户自愿并有稳定的就业和收入来源；发包方要对其流转土地的原因（即是否就业及是否有稳定的收入来源）进行审查。

具体到本案中，张大庆、李晓丽是否已丧失了诉争土地的承包经营权呢？笔者认为，张大庆、李晓丽作为单列户以家庭为单位分得口粮地，系以人口为基础的，该口粮地系张大庆、李晓丽的安身立命之本，虽然分地后，张大庆全家迁入小城镇生活且将诉争土地流转给王全经营，但其并未向村委会自愿表示交还土地，村委会对其双方土地流转的放任态度也表明村委会事实上并未对张大庆、李晓丽流转土地的原因及二人是否就业、有无稳定的收入进行审查，在诉讼中亦没有作出收回土地的明确意思表示，在此情况下，应认定张大庆、王全并未丧失对诉争土地的承包经营权，这也与最高人民法院《关于审理涉及农村土地承包纠纷案件适用法律问题的解释》中对家庭承包户的土地利益的限制性保护宗旨是一致的。

其次，从土地的流转方式看，土地转让是原土地承包人经发包人同意，将所承包的土地全部或部分转让给新承包人，土地转让后，原土地承包人退出土地承包关系，而由新承包人与发包人建立新的土地承包关系。委托代耕系指土地承包人作为委托人与作为受托人的代耕人双方达成的关于承包人委托代耕人代为管理经营其承包土地的协议，委托代耕并不改变原土地承包关系，也无须征得发包方的同意，且期限一般较短（一般不超过一年），如超过一年，代耕人可以要求签订转包合同。可见委托代耕实际是土地转包的一种方式，应适用土地转包的有关规定。

本案中，张大庆、李晓丽与王全之间的土地流转行为是土地代耕还是土地转让，要从土地转包与土地转让的成立要件并综合本案的事实进行分析。虽然诉争土地已在发包方的土地账册中变更至王全的名下，王全亦以自己的名义直接向村委会缴纳土地费用，但能否在发包方未予明示认可的情况下，仅以该事实当然认定诉争土地已由张大庆、李晓丽转让给王全，张大庆、李晓丽丧失了土地权利呢?

笔者认为应当是否定的,因为其一,土地账册是发包方进行土地管理的依据,不是法定的土地权属凭证,发包方受土地利益(收取费用)驱使,疏于对土地流转管理,致使土地账册记载内容往往比较混乱,土地账册更多成为发包方计收土地税费的依据,而不是土地流转及土地权属规范文件。在发包方不予明示认可,当事人又无其他书面凭证佐证的情况下,仅以土地账册之记载来作为土地流转与否、土地权属转移与否的凭据是缺乏确实依据的。其二,土地的实际管理人(如本案中为王全)虽然直接向发包方缴纳各项费用,但这只是发包方为便于收取土地费用、土地实际管理人简化缴费程序的一种方式。既然土地账册不能作为认定土地权属转移的唯一凭证,土地实际管理人根据土地账册记载服从发包方管理,直接向发包方缴纳费用当然不能成为土地权属发生转移的事实根据。其三,发包方在诉讼中对土地是否发生转让未明确认可,应视为村委会不认可双方之间的土地流转行为是土地转让行为,应认定村委会对土地转让行为未予明示同意,结合诉争土地村委并未收回、张大庆仍保有对诉争土地的承包经营权(如前所述)的事实,应当确认王全主张的土地转让行为证据并不充分,张大庆和李晓丽并未丧失诉争土地的承包权。

法 律依据

《农村土地承包法》第 26 条:"承包期内,发包方不得收回承包地。

承包期内,承包方全家迁入小城镇落户的,应当按照承包方的意愿,保留其土地承包经营权或者允许其依法进行土地承包经营权流转。

承包期内,承包方全家迁入设区的市,转为非农业户口的,应当将承包的耕地和草地交回发包方。承包方不交回的，发包方可以收回承包的耕地和草地。

承包期内，承包方交回承包地或者发包方依法收回承包地时，承包方对其在承包地上投入而提高土地生产能力的，有权获得相应的补偿。"

22 互换土地后，土地补偿款该归谁？

典型事例

李耳和王强同属于深水村的村民，李耳有家庭承包地 20 亩，王强有家庭承包地 10 亩，李耳为了耕种方便，于 2005 年与王强达成口头协议，约定自愿用其 20 亩承包地与王强的 10 亩承包地进行交换，以后的权利义务各自承担，但双方未办理承包经营权证变更手续。2012 年，当地政府征收土地，李耳原来的 20 亩承包地正好在征地范围之内，当地政府将补偿款全部支付给了王强，李耳认为该 20 亩土地仍然在自己的名下，补偿款应给自己，于是与王强产生了纠纷。

法律分析

李耳与王强口头达成互换承包地的协议是否有效？我国《民法通则》第 55 条规定："民事法律行为应当具备下列条件：（一）行为人具有相应的民事行为能力；（二）意思表示真实；（三）不违反法律或者社会公共利益。"《民法通则》第 56 条规定，民事法律行为可以采取书面形式、口头形式或者其他形式。法律规定用特定形式的，应当依照法律规定。李耳与王强口头达成的互换承包地的协议，意思表示真实，没有违反法律或社会公共利益,也没有违反法律的形式要求,而且李耳与王强均承认达成口头协议及互换承包地这一现实。所以,李耳与王强互换承包地的协议合法有效。另外,采取互换方式流转农村土地承包经营权的当事人可以要求办理农村土地承包经营权证变更登记,也可以不办理变更登记,只是不办理变更登记不能对抗善意第三人。本案中,李耳、王强虽然没有办理登记,但是并不影响王强拥有互换后的土地承包经营权。所以,李耳对互换后的承包地享有经营权。最后,如何认定互换承包地的期限?由于李耳与王强对承包地的互换期限没有明确约定,但是王强互换后就一直耕种,且将承包地变更登记在自己的名下。所以,李耳与王强是永久互换土地。

根据《土地管理法》及《农村土地承包经营权流转管理办法》的规定,土地承包经营权可以依法进行流转,土地承包经营权的流转方式包括转包、出租、互换、转让、入股等方式。本案属于土地承包经营权以互换的方式流转,互换是指同一集体经济组织的土地承包经营权人,为方便耕种或者各自需要,对土地承包经营权进行互换。

互换的性质:首先,互换要在同一集体经济组织内部进行,与其他经济组织成员进行土地互换,是无效的;其次,以互换的方式流转,应到村委会进行备案,并可以办理土地承包经营权证的变更登记手续,但未办理备案或者变更登记的,并不影响互换的效力;最后,互换双方原有的承包关系消灭,新的承包关系产生。

征地补偿费用包括土地补偿费、安置补助费和地上附着物补偿费,根据《土地管理法》的规定,土地补偿费是对土地的补偿,由于集体土地的所有权属于村集体,因此这部分补偿是归村集体所有的,如何分配由村民会议决定;安置补助费是支付给被安置人口的,是对承包经营权人失去承包经营权的一种补偿,因此这部分补偿是要支付给承包经营权人的;地上附着物补偿费,是对土地上的附着物的一种补偿，因此这部分补偿是对地上附着物的实际所有者的。

综上所述，土地征收补偿款应该归王强所有。另外提醒广大农民朋友，农村集体经济组织内部成员之间可以互换承包地，并且这种互换可以通过口头协议的形式完成，也可以不对互换后的承包地进行变更登记。但是，为了避免权属纠纷，建议互换承包地的当事人采取书面的形式完成，并且及时地进行变更登记。

法 津依据

《民法通则》第 56 条："民事法律行为可以采用书面形式、口头形式或者其他形式。法律规定用特定形式的，应当依照法律规定。"

《农村土地承包经营权流转管理办法》第 17 条："同一集体经济组织的承包方之间自愿将土地承包经营权进行互换，双方对互换土地原享有的承包权利和承担的义务也相应互换，当事人可以要求办理农村土地承包经营权证变更登记手续。"

23 村委会未经转包人同意与第三人签订转包合同有效吗？

典 型事例

2004 年，太原市小店区某村委会为了把村果园办成优质果园，便与该村有丰富管理果树经验的老张，即原告张某之父签订了一份《果园拍卖协议书》，约定老张购买南崖荒坡杏树 100 株，此协议 30 年不变。签订合同后，老张对该果园进行了管理，后老张病逝。2012 年 10 月，村委会未经张某同意将老张耕种的果园转包他人开办砖厂，砍伐杏树 110 株。村委会随后召开村民代表大会，同意终止与老张的协议，并就张某现有100株杏树进行补偿。砖厂在经营一段时间后停工，目前原地已建成一汽配厂。张某因赔偿数额与村委会协商未果，便于今年年初向法院提起诉讼，请求判令村委会退还承包地36亩，补偿砍伐杏树款11 000元，支付占地补偿款57 600元。

　　法院认为，原告张某之父老张与村委会签订的果园拍卖协议合法有效，应受法律保护。被告村委会在未征得张某同意，也未与张某解除拍卖协议的情况下擅自将张某承包的部分果树砍伐，将果园转让他人的行为，已经侵害了张某的土地承包经营权，应承担相应的法律责任，原告张某要求赔偿杏树款11 000元予以支持；现该土地已经建成汽配厂，应参照占用其他土地的补偿标准，酌情由村委会一次性赔偿张某48 000元。一审判决后，原被告均提出上诉。太原中院审理后认为一审判决事实清楚，证据确凿，遂驳回上诉，维持原判。

法律分析

　　国家为规范农村土地承包经营权，保护农民的根本利益，制定了《农村土地承包法》。流转土地承包经营权是农民享有的法定权利，任何组织和个人不得侵犯和剥夺。按照自愿、有偿和平等协商的原则，承包方可以依法采取转包、出租、互换、转让或其他方式进行土地承包经营权流转。土地承包经营权流转合同由承包方与受让方签订，未经承包方书面委托，发包方和其他任何组织、个人代表承包方与受让方签订的土地承包经营权流转合同无效，双方应签订书面流转合同，并报发包方备案。土地流转中没有订立流转合同，原承包方要求收回承包地的，受让方应予返还，双方还可以在协商一致的基础上补签书面流转合同。本案中原告张某之父老张与被告某村委会签订的耕地承包合同合法有效，原告的承包经营权受法律保护。该村委会在未经原告书面授权的情况下，将原告承包的耕地 36 亩土地转包给他人开办砖厂，违反法律规定，该流转关系无效，由此产生的法律后果应由该村民委员会承担。

法津依据

《农村土地承包经营权流转管理办法》第 21 条："承包方流转农村土地承包经营权，应当与受让方在协商一致的基础上签订书面流转合同。

农村土地承包经营权流转合同一式四份，流转双方各执一份，发包方和乡（镇）人民政府农村土地承包管理部门各备案一份。

承包方将土地交由他人代耕不超过一年的，可以不签订书面合同。"

第 22 条："承包方委托发包方或者中介服务组织流转其承包土地的，流转合同应当由承包方或其书面委托的代理人签订。"

24 发包方是否有权干涉承包方土地的流转方式？

典型事例

村民王某 1998 年承包了本村 20 亩土地，获得了村委会发的《农村集体土地承包经营权证书》。2005 年，由于王某要外出务工，于是将自己 20 亩的承包地转包给了张某耕种。村委会得知以后，以张某不是本集体经济组织成员为理由，将承包地收回。随后，村委会将土地承包给了本村李某耕种。2010 年，王某在外务工返乡，知道上述事实后，要求李某返还本属于自己的承包地，但遭到了李某的拒绝，王某与村委会协商，但一直没有得到答复，于是，王某向农村土地仲裁委员会提出申请，要求村委会返还自己的承包地。

县农村土地仲裁委员会经审理认为，发包方（村委会）收回王某的承包地，侵害了承包方依法流转土地的权利，本案中王某流转土地的行为并无不当，王某享有有争议土地的承包经营权以及承包土地的流转自主权。故，最终裁定李某返还王某的20亩农耕地。

法津分析

《农村土地承包法》第32条规定："通过家庭承包取得的土地承包经营权可以依法采取转包、出租、互换、转让或者其他方式流转。"另外，我国《物权法》第128条规定："土地承包经营权人依照农村土地承包法的规定，有权将土地承包经营权采取转包、互换、转让等方式流转。流转的期限不得超过承包期的剩余期限。未经依法批准，不得将承包地用于非农建设。"在土地流转的方式中，转包是指土地承包经营权人将自己的承包地，在承包期内全部或者部分转交给本集体经济组织内部的其他农户耕种。而土地承包经营权的转让则是指经营权人将其拥有的未到期的土地承包经营权转移给他人的行为，转让的对象不仅限于本集体经济组织的成员，还可以是本集体经济组织以外的农户。

我国《农村土地承包法》第34条规定："土地承包经营权流转的主体是承包方，承包方有权依法自主决定土地承包经营权是否流转和流转的方式。"同时，根据该法第35条，承包期内，发包方不得单方面解除承包合同。本案中，王某将自己的20亩承包地流转给张某的行为属于土地流转的转让，王某完全有权决定自己承包地的流转方式，村委会无权干涉，因此，村委会单方面解除承包合同并另行发包给他人的做法是错误的。

法津依据

《农村土地承包法》第35条："承包期内，发包方不得单方面解除承包合同，不得假借少数服从多数强迫承包方放弃或者变更土地承包经营权，不得以划分'口粮田'和'责任田'等为由收回承包地搞招标承包，不得将承包地收回抵顶欠款。"

25 互换承包地必须进行备案吗？

典型事例

家住水田镇高山村二组的张某和聂某为了便于生产生活，双方平等协商，于2008年签订了承包地互换协议，该协议约定张某位于土坪坡的2.1亩水田与聂某位于杨家湾的2.1亩水田互换，同时，张某和聂某在互换协议中特别注明：今后由转让或任何公私变化，各自负责，概不后悔。张某和聂某换田后各自依约对所换的田地进行了耕种。2011年，张某耕种的杨家湾田因修建铁路被征用，征用补偿费3.5万余元。当村委会发放补偿费时，张某和聂某对该款的归属产生争议。聂某认为当初和张某签的协议没有经过村民小组同意，不具备法律效力，这份合同无效，3.5万元补偿款应为聂某所有。张某和聂某未经村小组同意即自行调换田地签订的协议是否有效呢？

法津分析

互换是土地承包经营权流转的法定形式之一，但是，根据我国《农村土地承包法》第37条的规定，采取互换方式流转土地承包经营权的，"应当报发包方备案"。法律这样规定主要是因为：

①村民小组作为土地的所有者有权及时了解土地承包经营权的变动情况，督促和检查承包方积极履行合同义务，流转合同备案制度的确立，为发包方行使监督权创造了条件；②便于政府相关部门和司法机关正确认定事实和适用法律，有助于及时解决当事人之间因土地承包经营权流转而发生的争议和纠纷，维护承包人的合法权益。

然而，当前我国农村土地承包经营权流转合同的备案制度尚不完备。在中西部一些地区，土地承包经营权以口头或证人证明等方式流转的仍然存在，传统的土地互换方式在民间也大量存在，而备案制度是以存在书面合同为前提的，如果将合同备案设定为合同生效的必要条件，不利于保护广大农民的切身利益，不利于维护农村土地承包经营权的流转秩序，也不符合当前我国农村的客观实际。所以，最高人民法院《关于审理涉及农村土地承包纠纷案件适用法律问题的解释》第14条规定："承包方依法互换土地承包经营权，发包方仅以该土地承包经营权流转合同未报其备案为由，请求确认合同无效的，不予支持。"

互换土地应呈报发包方备案不是互换土地合同效力的必要要件。我国《农村土地承包法》规定，采取转包、出租、互换或者其他方式流转的，应当呈报发包方备案。但该规定强调的备案只是一种行政管理手段，不是合同生效的要件，属于管理性规范而不是效力性规范，因而，不能以未经备案为由而否定互换土地协议的效力。另外，互换土地的耕种人已成为实际承包经营权人。根据《农村土地承包法》规定，土地承包经营权流转的收益归承包方所有。

综上所述，张某和聂某虽未经村小组同意即自行调换田地，但双方自愿签订的协议是有效的，3.5万元补偿款归现在的耕种人张某所有。

法津依据

《农村土地承包法》第 37 条第 1 款："土地承包经营权采取转包、出租、互换、转让或者其他方式流转，当事人双方应当签订书面合同。采取转让方式流转的，应当经发包方同意；采取转包、出租、互换或者其他方式流转的，应当报发包方备案。"

26 村委会强迫承包方流转土地的行为合法吗？

典型事例

山东某村村民老王与儿子小王于 1998 年分家，2005 年村委会进行土地发包时，决定将村东头靠近高速公路的 3 亩地分给老王，小王的土地则紧邻父亲的土地，分到了 2.5 亩，二人的土地之间是一小块无人耕种的荒地。土地承包手续办完后，老王父子将承包地之间的 0.5 亩荒地推平开垦，与两人的承包地合成了共 6 亩地。2010 年，本村村民李某向村委会申请土地搞农业综合开发，村委会要求村里的部分农户将承包地转包给李某，其中就包括老王父子的 6 亩耕地，老王父子并没有同意村委会的方案，于是村委会就向镇政府申请处理。镇政府根据村委会的申请，在没有核实的情况下做出了老王父子必须交出承包地的处理决定，该处理决定书上的印章与镇政府印章不一致。2011 年元月份，村委会组织有关人员将老王父子的承包地的地上植物进行了铲除，并将土地转包给了李某。老王父子无奈之下，将村委会诉至法院，要求返还承包地，并赔偿损失。

法律分析

法院最终认为，老王父子与村委会之间关于承包地的纠纷属于民事纠纷，镇政府对老王父子的承包地的处理属于超越职权的行为，按照法律规定应当撤销，村委会组织有关人员铲除地上附着物的行为明显违法，致使老王父子在承包地并未到期的情况下被迫转包给李某，造成重大损失，村委会应当承担相应损失。

《农村土地承包法》第 57 条规定："任何组织和个人强迫承包方进行土地承包经营权流转的，该流转无效。"最高人民法院《关于审理涉及农村土地承包纠纷案件适用法律问题的解释》第 12 条第 1 款也规定："发包方强迫承包方将土地承包经营权流转给第三人，承包方请求确认其与第三人签订的流转合同无效的，人民法院应予支持。"本案中，老王父子已经签订了该村 6 亩耕地的承包合同，依法享有土地承包经营权，在承包期内，老王父子依法享有土地流转的权利，村委会却强迫其行使，并且采取了非法的手段，显然不符合我国的法律规定，不符合我国保护耕地流转的法律政策，因此，法院的判决是正确的。

法律依据

《民法通则》第 58 条："下列民事行为无效：

（一）无民事行为能力人实施的；

（二）限制民事行为能力人依法不能独立实施的；

（三）一方以欺诈、胁迫的手段或者乘人之危，使对方在违背真实意思的情况下所为的；

（四）恶意串通，损害国家、集体或者第三人利益的；

（五）违反法律或者社会公共利益的；

（六）以合法形式掩盖非法目的的。

无效的民事行为，从行为开始起就没有法律约束力。"

《合同法》第52条："有下列情形之一的，合同无效：

（一）一方以欺诈、胁迫的手段订立合同，损害国家利益；

（二）恶意串通，损害国家、集体或者第三人利益；

（三）以合法形式掩盖非法目的；

（四）损害社会公共利益；

（五）违反法律、行政法规的强制性规定。"

27 私自互换土地后，还能要回来吗？

典型事例

孙小光和路港是同一个村的村民，孙小光承包了一块10亩的土地，路港承包了一块8亩的土地，由于路港承包的土地的地质较好，并且离孙小光的家更近，2010年，孙小光与路港协商，将各自的土地进行调换，双方签订了书面的互换合同，但是并没有办理土地经营权证变更手续，双方也没有到发包方进行备案。2013年，孙小光由于在新的宅基地上建设了新房，房子离自己原来的10亩地更近，于是向路港提出，要求双方调换回土地，但是路港并不同意。双方协商未果，诉至法院。

法律分析

本案中，孙小光是否有权利要回自己原来的承包地呢？

承包方在取得土地经营权后，可以自行决定土地承包经营权的流转，他人无权干涉，所以孙小光与路港之间于2010年调换土地的行为是合法有效的。《农村土地承包法》第37条规定，互换土地承包经营权的要双方到发包方备案。这说明，备案与否并不影响土地承包经营权流转的效力。同时，《农村土地承包经营权流转管理办法》第 17 条也规定，流转土地承包经营权的，当事人可以要求办理农村土地承包经营权证变更登记手续。这里说的是可以，并不是应该，这说明，不办理土地承包经营权证变更登记的，并不影响互换合同的效力。本案中，孙小光与路港的土地互换合同合法有效，双方应当按照合同的要求履行。所以说，孙小光如果要求路港返还土地，必须征得路港的同意，即双方的意思表示必须一致才能调回。

28 农村集体土地重复发包的后果是什么？

典型事例

2001 年 6 月，山东清远神木林业公司承包横河村委会林地 1200 亩，约定双方合作造林。合同签订后，清远神木林业公司对林地进入了造林开发并于 2004 年办理了林权证，将林地使用权及林地所有权登记于神木林业公司名下。在神木林业公司于 2006 年进行林木砍伐时，张某出面阻挠并出示其与横河村委会于 2006 年签订的土地承包合同一份，要求神木林业公司赔偿损失并退出林地。神木公司愤而提起诉讼，要求维护自身正当权益。横河村委会一林二包的行为（发包人将同一片林地先后发包给两个不同的承包人）给承包人神木林业公司造成了巨大损失。对于这种一林二包的行为，法律是如何规范的？

法律分析

农村林地承包适用的法律主要有《土地管理法》、《农村土地承包法》等，由于农村土地承包行为较为复杂，最高人民法院于 1999 年、2003 年分别颁布司法解释，对其进行规范。最高人民法院在 2005 年发布了《关于审理涉及农村土地承包纠纷案件适用法律问题的解释》（以下简称《解释》），更进一步专门针对农村土地承包行为进行规范处理。下面我们就主要围绕该司法解释，对村集体一林二包的法律责任进行分析。

1. 一林二包中所涉及的林地承包合同的效力。"一林二包"，就是发包人将同一片林地先后发包给两个不同的承包人。山林重复发包合同效力纠纷一般涉及两份合同，即原承包人与发包人之间的承包合同（以下简称"原承包合同"），发包人与第三人之间的承包合同（以下简称"重复发包合同"）。

依据承包对象的不同可将林地承包方式分为两类，即家庭承包和其他方式的承包。其中，以集体经济组织内部的农户为承包方的，为家庭承包；以本集体经济组织以外的单位或个人为承包方的，属于其他方式的承包。司法实践中，山林重复发包的合同效力纠纷多数发生在其他方式的承包过程中。

2. 一林二包所涉及承包合同的效力。

（1）原承包合同为其他方式的承包合同，原承包合同有效，重复发包合同不当然无效。

国家对土地的承包流转由以前的严格限制走向了鼓励流转以尽量促进土地潜力开发的道路，导致大量的投资者进入农村市场，按照一定的程序办理承包手续经营林地。如果承包者已经完整地履行了承包手续，笔者认为在此情况下其重复发包的合同应当是有效的，是否能优先取得林地承包经营权利，视其是否履行了登记手续而定。

首先，现行法律法规并未否认重复发包合同的效力。最高人民法院《关于审理涉及农村土地承包纠纷案件适用法律问题的解释》第 20 条规定："发包方就同一土地签订两个以上承包合同，承包方均主张取得土地承包经营权的，按照下列情形，分别处理：

（一）已经依法登记的承包方，取得土地承包经营权；（二）均未依法登记的，生效在先合同的承包方取得土地承包经营权……"该条规定的前提条件即是承认原承包合同和重复发包合同皆可同时有效，同时该条更进一步明确了登记在先可以优先的原则。

其次，从林地承包合同本身的性质来看，后签订的合同亦可认定为有效。《农村土地承包法》和《物权法》已将农村土地承包经营权确认为物权中的一种。从物权本身的性质来说，同一物权可以设置多个债权，是否能够履行是违约问题而非合同效力问题。两份合同的承包者皆可主张自身承包合同有效，亦可主张自身对林地拥有承包经营权。在"一林二包"的两个承包合同均有效且均主张承包经营权的情况下，则先办理登记手续的承包者应取得林地的使用权利及地上林木的相应权利，但发包人与第二手承包人恶意串通的除外。未能取得承包经营权的承包人可向发包人主张违约责任的承担。在此处的处理类似于商品房销售合同中"一房二卖"的处理方式。

最后，重复发包侵犯原承包人利益不是承包合同无效的法定事由。合同法中对认定合同无效的法定理由有明确规定。司法判例中认定重复发包合同无效的理由一般为发包人在明知林地已发包的情况下，违背诚实信用原则与第三人签订承包合同，侵害了原承包人的合法承包权，损害了原承包人的利益，故认定重复发包合同无效。但第三人在作为外来承包者的情况下，往往对林地以往的发包历史不甚了解，在其已尽到一般当事人的审慎义务时应当将其确认为善意第三人。

（2）原承包合同为家庭承包方式的承包合同，原承包合同有效，重复发包合同应属无效。

土地不仅是重要的农业生产资料，也是农民最基本的生活保障，此点为国家一系列政策最重要的出发点之一。正是基于此种社会保障的性质，对于集体经济组织内部的土地调整，应持一种审慎的态度，对其调整应严格依照程序进行。家庭承包方式的承包对象为本集体经济组织内部成员，在此情况下推定第三人对于林地已发包的事实知道或者应当知道更符合社会公平原则。基于这一点，重复承包的第三人应承担合同无效的法律后果。此点在现行的司法解释中得到了支持。最高人民法院《关于审理涉及农村土地承包纠纷案件适用法律问题的解释》第6条作出明确规定："因发包方违法收回、调整承包地，或者因发包方收回承包方弃耕、撂荒的承包地产生的纠纷，按照下列情形，分别处理：……（二）发包方已将承包地另行发包给第三人，承包方以发包方和第三人为共同被告，请求确认其所签订的承包合同无效、返还承包地并赔偿损失的，应予支持……"

3. 一林二包的民事法律后果。

（1）对于有效合同的当事人。任何一个承包人都有权要求村集体履行合同，按照合同约定进行林地的开发。而从公平合理的角度出发，村集体应对承包者履行交付义务，而对其他承包人承担相应的违约责任。

（2）对于无效合同的当事人。无效合同的善意承包人可以请求法院或仲裁机构宣告合同无效，并根据相关法律规定，要求村集体承担已投入资金损失及利息。

29 村委会是否有权决定土地流转的收益呢？

典型事例

2001年4月，王光承包了本村的4亩农田，并与村委会签订了土地承包书面合同，双方约定承包期限为20年。2012年春节，王光看到本村外出打工的青年赚的钱比种地多，就有了要进城打工的想法。于是，王光与本村的赵四协商，将自己承包的4亩地转包给赵四，协议约定，赵四每年向王光支付每亩500元转包费即可，转包的期限是3年。协议签订完以后，王光便进城打工，谁知计划赶不上变化，由于人生地不熟，王光没有找到合适的工作，另外他还听说当年的粮价大涨，赵四的粮食卖了个好价钱，这一计算下来，自己在外打工还没有在家种地赚的钱多。因此，王光在当年春节回家后，向赵四提出，由于物价上涨过快，加上今年粮食价格比往年高很多，于是要求提高转包费用，由原来的500元涨到800元。对于这个要求，赵四并没有同意，赵四认为双方已经签订了协议，白纸黑字，不能随便更改协议的内容。双方僵持不下，王光就想到了求助于村委会，于是请求村委会出面，强制要求赵四提高每年的转包费用。那么，本案中，村委会是否有权力更改王光与赵四双方协商的土地流转收益呢？

法津分析

土地承包经营权流转的流转费，包括转包的转包费、出租的租金、转让的转让费，具体数额应当由流转方与受流转方在流转合同中协商确定。双方商定的流转费归流转方所有。土地流转协议其实就是一种民事合同，合同双方在完全自愿的情况下，达成一致的意向，并且二者之间的合同不容许第三人干涉，这是法律赋予合同最基本的保护。在土地流转合同中，任何组织和个人不得擅自截留、扣留流转费，以保障承包方流转土地承包经营权的收益不被侵犯。

根据我国《农村土地承包法》第36条的规定，土地承包经营权流转的转包费、租金、转让费等，应当由当事人双方协商确定。具体到本案，王光依法取得承包地的土地经营权后，有权自由流转该土地经营权，其与赵四签订的土地转包协议是合法有效的，双方也在协商一致的情况下确定了转包费。合同既然已经成立，双方都必须按照各自的权利义务来保证合同的正常履行，否则就构成了违约。即使双方因为合同中的条款发生了纠纷，也只是王光和赵四之间的争议，村委会只能调解，而没有权力决定双方之间土地流转的具体收益标准。

30　土地流转纠纷案件，法院最好的解决方式是调解吗？

典型事例

　　现如今，农村进城务工人员逐年增多，这种情况虽然增加了农民的收入，但另一方面，令人担忧的是，农村土地撂荒问题越来越严重。2005 年，河北省某村为了解决耕地丢荒问题，主动招徕邻村的王某等 15 户农民承包村里的荒田。同年 9 月份，该村村民小组与王某等 15 户农民签订了为期 30 年的农田承包合同，双方约定该村村民小组将村里的 100 亩农田发包给王某等 15 名农户进行耕种。合同签订以后，王某等卖掉自己家乡的房屋和生产资料，在得到某村村民小组的许可下，携家带口的在承包的农田周围建造房屋，开始耕作。由于国家近两年连续出台惠农政策，给予农村以及农民的优惠和补贴越来越多，在这种情况下某村村民认为，原来的承包合同对于他们的利益存在严重的不公平，当初订立合同时约定的转包费已经和现在的物价水平以及粮食价格相差甚远，于是要求将农田另行转包或者提高转包费用。但是他们的要求并没有得到王某等 15 户农民的同意，为此，从 2009 年起，双方经常发生摩擦，由于一直争执不下，2013 年，王某等 15 户村民向法院起诉，请求判令被告某村村民小组继续履行承包合同或者赔偿损失。在法庭上，某村村民小组认为即使进行赔偿，只赔偿王某等15位农民的财物搬迁费用，而不是15户家庭的搬迁费用。为了避免争端的继续扩大，法院多次组织双方当事人，做了大量的调解工作，原被告双方最终同意解除承包合同，但双方就赔偿额的问题始终无法达成一致。为此法院委托物价部门对原告的涉案财产进行了评估，在评估结果的基础上作出了最终判决。

法律分析

我们在上述案件中可以看到，村民小组与王某等15户农民因为转包费的问题闹得不可开交，根本原因还是在于，由于我国惠农政策的不断加大，很多之前已经转包出去的村民感到后悔，但是既然合同已经签订了，按照我国法律的规定，双方就应该按照合同约定的内容确保合同的正确履行。该村村民小组在合同的履行期限内，要求解除合同或者提高原本已经协商好的转包费用，显然违背了合同约定，属于违约行为，最终导致合同解除，必然要对正确履行合同的另一方，也就是王某等15户农民进行赔偿。双方发生纠纷，解决的方式有很多种，既可以进行协商，也可以进行诉讼，那是不是，一旦起诉到法院，法院就必须用判决的方式解决纠纷呢？

我国《农村土地承包法》第51条第2款规定："当事人不愿协商、调解或者协商、调解不成的，可向农村土地承包仲裁机构申请仲裁，也可以直接向人民法院起诉。"最高人民法院《关于审理涉及农村土地承包纠纷案件适用法律问题的解释》第26条也对此作了明确规定，人民法院在审理此类纠纷案件时，应当着重进行调解，必要时可以委托人民调解组织进行调解。本案涉及的纠纷，实质上是对发包方违法收回、调整承包地纠纷的处理方式问题。具体到本案，原告王某等15户村民与被告某村村民小组的纠纷属于发包方违法收回土地的类型，在王某等发现无法与其协商解决纠纷的情况下，向人民法院提起诉讼，请求法院进行裁决的做法是正确的。同时，由于该案涉及人员多，争议金额大，处理不好，就会引发更大的矛盾冲突，人民法院在处理该案时，注重进行调解的做法也是十分合理的。

31 土地流转，能否改变土地的农业用途？

典型事例

孙小菜与王大全为同村村民，2009 年 12 月，两人签订了农村土地转包协议，孙小菜将其承包的 3335 平方米水稻责任田转包给王大全，每 667 平方米责任田的转包费为 120 公斤稻谷（以当年国家晚稻最低收购价上浮 10% 折现），转包期限为 10 年，转包费一年一付，年底结清。转包协议签订后，孙小菜依约将责任田交给王大全，之后全家赴外地打工。2010 年，王大全与他人在上述土地上开始从事红砖生产经营。孙小菜年底回家发现这一情况后表示反对，认为王大全擅自改变土地用途，严重破坏了耕地，要求退还责任田，但王大全不同意。2011 年 3 月初，在村委会的调解下，王大全答应不再在孙小菜责任田里取土。但孙小菜外出打工后，王大全继续在孙小菜责任田里取土烧砖。2011 年 10 月，孙小菜得知消息后再次从外地返回家里，在协商无果的情况下，将王大全起诉到人民法院，请求解除转包合同，并要求王大全在 2012 年早稻栽插前将土地恢复原状、培肥地力，另外赔偿经济损失3000 元。人民法院支持了孙小菜的诉讼请求。

法律分析

本案例的争议焦点是土地流转后被擅自改变农业用途是否可以收回。根据我国《农村土地承包法》第 10 条的规定，承包方可以依法、自愿、有偿地流转土地，任何人不得干涉。孙小菜将自己的承包地转包给王大全，双方为此签订转包合同，不违反有关法律法规规定，转包合同应属有效。同时，我国《农村土地承包法》第 8 条、第 33 条也明确规定，土地流转后不得擅自改变土地的农业用途，未经批准不得将土地用于非农建设。王大全未按照法律的规定合理使用承包地，与他人合伙在耕地上从事红砖生产经营活动，造成耕地永久性损害，这是明显的违法行为。由于王大全在耕地上从事破坏性经营，且在孙小菜要求其改正后仍然不改，对于孙小菜来说显然已经无法实现合同的目的。因此，根据我国《合同法》的规定，孙小菜可以解除土地流转合同，要求王大全返还承包地，并承担恢复土地原状（恢复耕作条件）、赔偿经济损失等相关义务。

《土地管理法》第 4 条明确规定，国家实行土地用途管制制度。严格限制农用地转为建设用地，控制建设用地总量，对耕地实行特殊保护。由此，确立了耕地用途管制制度。《土地管理法》第 12 条规定，依法改变土地权属和用途的，应当办理土地变更登记手续；而《农村土地承包法》第 23 条第 1 款规定："县级以上地方人民政府应当向承包方颁发土地承包经营权证，并登记造册，确定土地承包经营权"，第 9 条规定了国家保护集体土地所有者的合法权益，保护承包方的土地承包经营权，任何组织和个人不得侵犯。

值得一提的是，在本案例中，如果孙小菜答应王大全永久转包土地，继续取土烧砖，也是不符合法律规定的，作为发包方的村委会有权依据我国《农村土地承包法》的规定，制止孙小菜和王大全的行为，并可以要求其赔偿由此造成的损失，甚至可以收回孙小菜的承包地，重新发包给其他村民；当地国土管理部门也可以依据我国《土地管理法》的规定，对孙小菜和王大全进行处罚。

32　口头达成土地互换协议，能否再将土地要回？

典型事例

杨成与李亮是同一村民小组的村民。2008年，杨成与李亮达成口头协议，杨成用父亲名下（杨成父亲于2010年去世）承包经营的河沟田同李亮承包的井水田进行调换，以便将井水田作为宅基地。同年，杨成取得了该县人民政府颁发的居民建房用地许可证。双方的承包田互换后，李亮也曾经在换得的河沟田上进行过耕种，但不久就撂荒。2009年杨成与李亮所在的梭子村进行土地承包经营权证分户登记时，将杨成承包经营的河沟田填入了李亮的土地承包经营权证上。同年，杨成领取了该县人民政府颁发的土地承包经营权证，杨成之前承包的河沟田在登记表中被注销。2010年，杨成开始在换来的井水田上平整地基、修建石墙准备建房。但是，2011年李亮以双方并未对调换土地达成协议为由阻止杨成建房，并且提出把互换的承包土地再换回来，为此双方发生纠纷。2012年，村里换发新一轮的土地承包经营权证时，因为杨成与李亮之间存在争议，双方均未领取新的土地承包经营权证。经该县人民调解委员会进行调解，双方也未能达成调解协议。杨成在与李亮协商未果的情况下，诉至法院，请求法院制止李亮的无理行为。

法律分析

杨成与李亮的土地互换行为是否有效呢？《农村土地承包法》

第 40 条规定："承包方之间为了方便耕种或者各自需要，可以对属于同一集体经济组织的土地的土地承包经营权进行互换。"本案中，杨成与李亮属于同一集体经济组织成员，杨成与李亮于 2008 年口头协商用自己的河沟田换取李亮的井水田的互换行为并不违反国家法律的禁止性规定，也没有损害他人的合法权益，按照《合同法》的规定，应认定为合同有效。《农村土地承包法》第 38 条规定："土地承包经营权采取互换、转让方式流转，当事人要求登记的，应当向县级以上地方人民政府申请登记。未经登记，不得对抗善意第三人。"该县农村土地承包经营权证分户登记记录，证明集体经济组织已为双方办理了变更手续，双方各自取得了所换得土地的经营管理使用权，同时丧失了原承包土地的经营管理使用权。

近些年来，土地承包合同纠纷案件的数量不断上升，为了保护国家集体耕地，保护农民赖以生存的土地，稳定农村经济建设和谐发展，国家通过不断制定和修改土地政策法规，使得我国农村土地承包制度得以完善。在农村土地承包纠纷的案件中，土地承包经营权流转案件占有相当大的比例，此类案件涉及面广、纷繁复杂而又形式各异，如果对该类案件处理不当，单纯考虑法律效果而不考虑社会效果，势必会使得老百姓对判决结果不服，引发新的纠纷。所以，在司法实践中，法院在解决农村土地流转纠纷时，常常是以调解为主。

本案在审理的过程中，杨成与李亮的对立情绪激烈，互不相让。对此，法院结合案件的特殊性，多次认真、细致、耐心地进行调解工作，最终双方达成了调解协议：双方自愿恢复原承包土地的管理使用权，双方按有关规定办理相应合法变更手续。杨成修建房屋的前期费用由李亮进行经济补偿。

33 土地流转要走哪些程序？

典型事例

2012年以来，临翔区大力发展咖啡产业，以龙头企业凌丰公司为龙头，通过"企业＋基地＋农户"的模式，租赁农户的土地形成咖啡产业基地，推进农村土地流转。临翔区农户按"依法、自愿、有偿"的原则进行土地流转，2011年末，全区家庭承包耕地流转总面积6384亩，占全区家庭承包经营耕地面积的2.7％；至2013年6月，流转总面积达31 560亩，占全区家庭承包经营耕地面积的13.3％，与2011年末相比，流转面积增394.4％，其中租赁反包面积26 646亩，占总流转面积的84.4％。通过由龙头企业租赁，统一规划、标准化实施高原特色咖啡产业种植后，反包给农民管理的土地流转方式进行土地流转，形成土地规模经营，建成高标准的咖啡产业基地，保证了企业优质原材料的供应，实现了农企双赢。

法律分析

农村土地流转主要有以下几个程序：

1. 承租方与农户在双方自愿的基础上，协商确定土地承包经营权流转的方式、期限和具体条件。

2. 农户向村提出流转要求，经村委会备案后报乡镇人民政府农村土地承包管理部门（农经站）。

3. 乡镇人民政府农村土地承包管理部门（农经站）在对承租人的实力和资信情况进行审查的基础上，指导流转双方按协商一致的原则签订流转合同，使用统一格式的农村土地流转合同文本。如发现流转双方有违反法律法规的约定，要及时予以纠正。

4. 农村土地承包经营权流转合同应包括以下内容：双方当事人的姓名、住所；流转土地的四至、坐落、面积、质量等级；流转的期限和起止日期；流转方式；流转土地的用途；双方当事人的权利和义务；流转价款及支付方式；流转合同到期后地上附着物及相关设施的处理；违约责任。流转合同一式四份，流转双方各执一份，发包方和乡镇人民政府农村土地承包管理部门（农经站）各执一份。

5. 乡镇农村土地承包管理部门（农经站）应及时对土地流转情况进行登记，并将有关合同及文本资料进行归档保管。

6. 对流转面积在 200 亩以上的要报县农业主管部门备案。

附：

土地流转合同范本

甲方（出让方）：＿＿＿＿＿＿＿＿＿＿＿＿＿＿

地址：＿＿＿＿＿＿＿＿＿＿＿＿＿＿＿＿＿＿＿＿

乙方（受让方）：＿＿＿＿＿＿＿＿＿＿＿＿＿＿

地址：＿＿＿＿＿＿＿＿＿＿＿＿＿＿＿＿＿＿＿＿

为了促进土地利用，切实维护土地流转双方的合法权益，根据《中华人民共和国农村土地承包法》和有关政策、法规的规定，本着自愿互利、公正平等的原则，经甲乙双方协商，订立如下土地承包经营权流转合同。

一、土地承包经营权流转方式

甲方采用转包方式将其承包经营的土地流转给乙方经营。

二、流转土地用途

乙方不得改变流转土地用途，用于非农生产。

三、土地承包经营权流转的期限和起止日期

合同双方约定，土地承包经营权流转期限为＿＿＿＿＿＿年，从

_____年_____月_____日起，至_____年_____月_____日止。

四、流转土地的种类、位置、面积、等级

甲方将承包的耕地（荒地、林地及其他土地）_____亩流转给乙方，该土地位于（可写明土地四至范围）_____。

五、流转价款及支付方式、时间

合同双方约定，土地流转费用现金支付。乙方每年_____时间（或一次性）支付甲方_____元/亩，合计_____元。

六、甲方的权利和义务

1. 权利。按照合同规定收取土地流转费，按照合同约定的期限收回流转的土地。

2. 义务。协助乙方按合同行使土地经营权，不得干预乙方正常的生产经营活动。

七、乙方的权利和义务

1. 权利。在受让的土地上，具有生产经营权。

2. 义务。在国家法律、法规和政策允许范围内，从事生产经营活动，按照合同规定按时足额交纳土地流转费，对流转土地不得擅自改变用途，不得使其荒芜，对流转的耕地进行有效保护。

八、其他约定

1. 合同期满后，经双方当事人平等协商，可以延长流转期限。延长的应重新订立补充协议或合同。期满未延长的，乙方应将土地交还甲方。乙方恢复土地原状，不得以土地上设施为由向甲方要求补偿。

2. 土地流转期间，土地被征收征用的，相关权益由甲方行使。

3.……

4.……

九、合同的变更和解除

有下列情况之一者，本合同可以变更或解除：①经当事人双方协商一致；②订立合同所依据的国家法律、政策发生重大调整和变化的；③一方违约，使合同无法履行的；④乙方丧失经营能力使合同不能履行的；⑤因不可抗力使合同无法履行的；⑥因土地被有关部门征收征用。

十、违约责任

1. 甲方非法干预乙方生产经营，擅自变更或解除合同，给乙方造成损失的，由甲方赔偿乙方损失。

2. 乙方违背合同规定，给甲方造成损失的由乙方承担赔偿责任。

3. 乙方有下列情况之一者，甲方有权收回土地经营权：①不按合同规定用途使用土地的；②荒芜土地的、破坏地上附着物的；③不按时交纳土地流转费的。

十一、合同纠纷的解决方式

甲乙双方因履行流转合同发生纠纷，先由双方友好协商解决，协商不成的通过法律途径解决。

本合同未尽事宜，由甲乙双方共同协商，达成一致意见，形成书面补充协议。补充协议与本合同具有同等法律效力。

甲方（出让方）签字：　　　年　　　月　　　日

乙方（受让方）签字：　　　年　　　月　　　日

34 土地流转的制约因素有哪些，需要注意的问题又是什么？

典型事例

王老汉夫妇今年已经五十多岁了，孩子们都在城里打工，家里有十好几亩地，王老汉夫妇感觉随着年龄的增大，已经没有精力管理这些土地了，想通过流转的方式将土地交给其他人管理，但是自己从来也没关注过国家的土地政策，生怕在流转的过程中会出现什么差错，老两口经不起折腾了。王老汉夫妇最关心的是在流转土地的过程中，会遇到哪些问题，以便防患于未然。

法律分析

近些年来，随着国家对农村土地政策的不断放开，土地流转越来越受到农民朋友的欢迎，但是在繁荣的流转市场背后，还是存在一些问题，下面就为大家介绍一下，土地流转过程中的制约因素以及常会出现的问题。

1. 制约农村土地流转的因素主要有以下几个方面：

（1）农户认识有待提高。主要表现为"三不"：一是不敢"流"，一些农户对现行的流转政策不太清楚，生怕流转后永远失去土地、失去最基本的生活资料；二是不愿"流"，农民存在恋土情结，在有了其他产业后即使粗放经营也不愿转出手中土地，特别是相当多农户大多数是老弱病残耕种，乡土情结严重；三是不肯"流"，在规模流转过程中，少数农户以现行的土地承包政策为理由，导致规模流转难以实施，加之现行政策免除了农业税，还有农业补贴，导致农户流转土地动力不足。

（2）承包土地有待集中。一是承包土地分散，农村土地分户承包，每户面积相对较少，加之好坏搭配，使本来成片的土地被人为分割，变得十分零碎和分散；二是流转收益不高，要把农户手中分散的土地集中成片后由业主开发，提高规模效益，没有较高的利益吸引或新的政策规定，多数农户是不愿意的；三是流转意愿不强，即使有较高的利益，个别农户也不愿意把土地转让出来，导致土地流转比较分散，制约了规模经济发展，特别是有相当一批农民把土地视作命根子。

（3）经营主体有待扩大。规模大户不多，效益不明显，市场开拓能力差；农业龙头企业规模小，带动力有限；专业合作组织发展不快，覆盖面不广，服务层次低，产供销一体化运作不多，导致土地无法进行规模流转。

（4）市场机制有待健全。一是加快土地流转市场建设，农村土地流转已比较普遍，但土地流转的有形和无形市场还有待形成，需要转出土地和需要承租土地之间缺乏信息联系，只是在狭小范围进行，阻碍了土地流转在更大范围内更高层次上进行。二是土地流转价格机制还不完善，转包费、租赁金的确定也未经市场竞争形成，有的过高，有的则过低。租金或转让费过低会损害农户的利益，随着市场变化和时间推移容易发生合同纠纷，对双方都不利。三是土地流转中介组织严重缺失，缺乏土地流转的评估、咨询、公证、仲裁等中介机构，在一定程度上也影响土地的流转。

2. 农村土地流转需要注意的问题主要有以下几个方面：

（1）农民利益问题。一是不能违背农民的意愿强迫流转，流转的条件、方式、价格等应由农户自主决定；二是土地流转后农户的既得利益要不低于或高于土地流转前，否则流转将很难实行。

（2）流转主体问题。一是采取转包及互换方式的，不得向本集体经济组织以外的农户进行流转；二是采取转让方式流转的，可以向集体经济组织以外的农户、单位和个人流转，但由于这种流转方式使得流转方在承包期内失去了土地承包经营权，应当坚持"稳妥、慎重、本集体经济组织成员优先"的原则。

（3）流转年限问题。除"四荒地"（荒山、荒沟、荒丘、荒滩）外，农民的土地承包经营权流转合同签订的时间不宜过长，到期后，根据实际情况再进行续签。

（4）流转土地的用途问题。必须严格遵守《农村土地承包法》和《农村土地承包经营权流转管理办法》的有关规定，不得以调整产业结构、发展农村经济等理由擅自改变原有耕地的农业用途。

（5）流转合同签订问题。流转合同必须使用政府统一制订的合同文本。签订合同时应当由承包方或其书面委托的代理人签订；流转合同中要注明流转土地的边界、坐落、面积、质量等级和流转土地的用途等内容。

（6）流转土地的界限问题。乡（镇）农经部门要在流转土地丈量划分上严格把关，明确土地界址，确保流转土地面积与流转合同面积相符，不留隐患。

35 土地承包人之间的土地自愿互换，违反法律规定吗？

典型事例

孙大力与李小泉同是某村村民，孙大力有两块承包地，但两块承包地间隔很远，不方便耕种，因此2001年孙大力与李小泉协商，将自己的一块承包地与李小泉的承包地进行互换，并且双方签订了承包地互换协议。2014年8月份，由于孙大力互换过来的承包地正好位于路边，要依法被征收，由于补偿款较多，李小泉想要回承包地，经协商不成，故以双方互换土地违反法律规定无效为由向法院依法提起诉讼。

法律分析

本案中，孙大力与李小泉为了种地方便，协商互换了土地，那么他们这种行为是否符合法律规定呢？

《农村土地承包法》第32条规定："通过家庭承包取得的土地承包经营权可以依法采取转包、出租、互换、转让或者其他方式流转。"孙大力与李小泉自愿签订承包地互换协议，是双方真实的意思表示，该协议的内容并没有违反法律法规的强制性规定，双方对互换的承包地已经管理使用多年，符合法律的规定，因此双方互换承包地属于有效行为。

关于双方互换土地经营后，没有办理变更登记和报土地发包方备案的问题。最高人民法院《关于审理涉及农村土地承包纠纷案件适用法律问题的解释》第14条规定，承包方依法采取出租、互换、转包或其他方式流转土地承包经营权，发包方仅以该土地承包经营权流转合同未报其备案为由，请求确认合同无效的，不予支持。根据《农村土地承包法》的规定，对于采取转让的方式进行土地流转的，则需要经过发包人同意的；如果是采取其他方式进行流转，则不需要经过发包人同意，但互换或者转包应当向发包人进行备案，这里需要注意的是，备案不是合同生效的条件，也就是说备案只是管理性规定，不影响互换行为的生效。

互换期限的问题。在很多承包地互换纠纷中，都没有明确约定互换的期限，根据《土地管理法》的规定，农村承包地的期限为30年，如果双方没有约定期限，那么一方是否可以解除协议呢？根据《合同法》的相关规定，对于合同的价款、质量、期限没有约定明确的，可以补充协议约定，不能补充的，则根据相关的习惯确定。本案虽然没有证据证实双方互换土地承包经营权的期限，但不能基于没有明确的互换行为就随时解除互换合同，否则，将使流转永远成为一种不移交、不确定状态，即任何一方均可随时解除合同，这不符合立法所保护的互换流转承包经营权的本意。因此，不能以没有明确的互换期限而主张解除合同。

根据以上分析，农村土地承包地进行互换是符合法律规定的，只要是同一集体组织成员自愿互换都应当得到法律的支持。

附：

农村土地调换协议书

甲方（单位或个人名称）：＿＿＿＿＿＿＿＿＿

乙方（单位或个人名称）：＿＿＿＿＿＿＿＿＿

因＿＿＿＿＿＿需要，甲、乙双方协商，依据农村土地承包合同和《农村土地承包经营权证书》所取得的土地承包经营权的互换及相关事宜达成如下协议：

一、互换标的

1. 甲方调换给乙方的地块面积为＿＿＿＿＿亩，坐落于＿＿＿＿＿＿＿＿＿（地名、面积、等级、四至、土地用途附后）。

2. 乙方调换给甲方的地块面积为＿＿＿＿＿亩，坐落于＿＿＿＿＿＿＿＿＿（地名、面积、等级、四至、土地用途附后）。

二、互换土地期限

甲乙双方互换地块的经营期限为＿＿＿＿＿＿年，自＿＿＿＿＿＿＿＿＿＿＿月＿＿＿＿＿＿日起至＿＿＿＿＿＿年＿＿＿＿＿＿月＿＿＿＿＿＿日止。

三、互换双方权利义务关系

土地承包经营权的互换不改变土地的用途及承包义务。土地互换后，互换双方均取得对方的互换地块的承包经营权，丧失自己原有的地块的承包经营权。甲乙双方仍然要按照发包时确定的该土地的用途使用土地、履行该地块原来负担的义务，双方享有互换前原承包合同规定的权利。如在互换过程中发生经济补偿事项的，可在本合同中明确约定。

土地互换后，甲乙双方应变更土地承包经营权证书登记，并与发包方签订新的土地承包经营合同。

四、交付方式和时间

互换土地的交付方式为_____或实地一次性全部交付。

交付的时间为_____年_____月_____日。

五、违约责任

1. 甲乙双方在合同生效后应本着诚信的原则严格履行合同义务。如一方当事人违约，应向守约一方支付违约金。违约金的数额为_____。

2. 如果违约金尚不足以弥补守约方经济损失时，违约方应在违约金之外增加支付赔偿金。赔偿金的数额依具体损失情况，由甲、乙双方协商，或由农村土地承包纠纷仲裁机构裁定，也可由人民法院判决。

六、争议条款

因本合同的订立、生效、履行、变更或解除等发生争议时，甲乙双方应协商解决，协商不成的按下列第_____种方式解决：

1. 提请村民委员会、乡（镇）人民政府、农村土地承包管理机关调解；

2. 提请_____仲裁委员会仲裁；

3. 向有管辖权的人民法院提起诉讼。

七、生效条款

甲乙双方约定，本合同须经双方签字并经_____乡（镇）政府农村经营管理机构备案（或鉴证）后生效。

八、其他条款

1. 本合同中未尽事宜，可经甲乙双方共同协商一致后签订补充协议。补充协议与本合同具有同等效力。

2. 本合同一式四份，甲、乙双方各执一份，发包方和鉴证、备案单位各执一份。

甲方（盖章）：＿＿＿＿＿＿＿＿＿＿＿＿

法定代表人（签字）：＿＿＿＿＿＿＿＿＿＿

住址：＿＿＿＿＿＿＿＿＿＿＿＿＿＿＿＿

＿＿＿＿＿＿年＿＿＿＿＿＿月＿＿＿＿＿＿日

乙方（盖章）：＿＿＿＿＿＿＿＿＿＿＿＿

法定代表人（签字）：＿＿＿＿＿＿＿＿＿＿

住址：＿＿＿＿＿＿＿＿＿＿＿＿＿＿＿

＿＿＿＿年＿＿＿＿月＿＿＿＿日

签订地点：＿＿＿＿＿＿＿＿＿＿＿＿＿＿

鉴证单位（签章）：＿＿＿＿＿＿＿＿

＿＿＿＿年＿＿＿＿月＿＿＿＿日

36 原生产队与村民间承包协议是否有效？

典型事例

1992 年某村原第六生产队经本队村民全体同意与村民刘某签订了承包该队沙滩地的协议，刘某向该队交纳了承包费后在承包地里栽种杏树。不久前，该村村委会以刘某与原第六生产队所签协议无效为由，向该县法院起诉。

村委会认为原生产队不具有农村集体土地所有权。原因是：自农村实行土地联产承包责任制后，原生产队已实际不存在了，农村土地所有权应由村委会代表村集体管理、经营，并与农户签订土地承包协议。原生产队不具有集体土地所有权，因此原生产队无权向村民发包土地使用权，其与村民签订的承包沙滩地的协议应属无效。

而刘某则认为，对于土地家庭联产承包中未打破原生产队界限的，原生产队具有土地所有权，能够对属于本队农民集体所有的土地进行发包，该沙滩地承包协议有效，应受法律保护；对于在家庭联产承包中已打破原生产队界限的，土地所有权应归村农民集体所有，原生产队不具有土地所有权，也就不能将原属本队的土地进行发包。

法律分析

本案的焦点是原生产队是否享有土地所有权。从我国家庭联产承包责任制实行的实际情况来看，相当多的地区在进行土地承包时，均未打破原生产队的界限，而是仍以原生产队为基础，将其土地发包给本队的农户进行联产承包。

从目前我国法律、法规来看，关于村民小组（原生产队）的土地所有权是有明确规定的。《土地管理法》第 10 条规定："农民集体所有的土地依法属于村农民集体所有的，由村集体经济组织或者村民委员会经营、管理；已经分别属于村内两个以上农村集体经济组织的农民集体所有的，由村内各该农村集体经济组织或者村民小组经营、管理……"2001 年 11 月 9 日国土资源部《关于依法加快集体土地所有权登记发证工作的通知》中规定："严格按照《土地管理法》的规定，确定集体土地所有权主体，具体确权要求如下：（一）凡是土地家庭联产承包中未打破村民小组（原生产队）界限，不论是以村的名义还是以组的名义与农户签订承包合同，土地应确认给村民小组农民集体所有……为体现村民小组农民集体的所有权主体地位，土地证书所有者一栏仍填写村内各村民小组农民集体的名称，并注明土地所有权分别由村内各村民小组农民集体所有。"2002 年 8 月 29 日通过的《农村土地承包法》第 12 条第 1 款规定："农民集体所有的土地依法属于村农民集体所有的，由村集体经济组织或者村民委员会发包；已经分别属于村内两个以上农村集体经济组织的农民集体所有的，由村内各该农村集体经济组织或者村民小组发包。村集体经济组织或者村民委员会发包的，不得改变村内各集体经济组织农民集体所有的土地的所有权。"

因此，从上述规定来看，村民小组（原生产队）是否具有土地所有权，关键是联产承包时是否打破原生产队的界限。如未打破，则原生产队（村民小组）享有土地所有权，其有权对属于本小组的土地进行发包，签订承包协议。《农村土地承包法》第12条第2款规定："国家所有依法由农民集体使用的农村土地，由使用该土地的农村集体经济组织、村民委员会或者村民小组发包。"对已打破原生产队界限进行联产承包的，村民小组不具有土地所有权，其不能对自己不具有所有权的土地进行发包，其所签订的承包协议应属无效。

37 政府侵犯农民的土地承包权，可以诉讼吗？

典型事例

1998年第二轮土地承包时，某村委会进行土地调整，王大强等5名村民与发包方某村委会经自愿协商，由王大强等5名村民分别承包了村里的10亩耕地，承包期限为30年，从1998年10月18日起至2028年10月18日止。村委会与村民分别签订了书面承包合同。2007年6月经县人民政府换证时签发了土地承包经营权证书，该证书村委会、乡农经站及县政府盖有公章。承包该地后本案村民一直耕种，并向村委会缴纳土地承包费、水费等费用，承担义务工等劳务义务。

但从2008年5月至2012年，乡政府在没有任何法定理由及法律依据的情况下，强行收回了王大强等5名村民的耕地，阻止他们耕种并将耕地发包给了他人耕种，造成了王大强等人5年无法耕种该地的经济损失。为此，多年以来王大强等人多次找村委会、乡政府及县政府要求解决耕地种植问题，但这些单位及部门相互推拖，问题一直长期无法解决。无奈，王大强等5人决定拿起法律武器，维护自己的合法权益，一纸诉状将乡政府起诉到法院，请求法院判决乡政府立即停止侵权，将土地返还给原告并承担5年来无法种地的经济损失。

法律分析

本案中，王大强等人依法取得了对本案耕地30年的承包经营权，其《土地承包经营权证书》是合法取得的，并经县人民政府登记备案盖章，该《土地承包经营权证书》是对王大强等5人依法取得土地承包经营权的确认，具有公示的法律作用，依法应当受到法律的保护。

我国《农村土地承包法》第4条第1款规定："国家依法保护农村土地承包关系的长期稳定。"第5条规定："农村集体经济组织成员有权依法承包由本集体经济组织发包的农村土地。任何组织和个人不得剥夺和非法限制农村集体经济组织成员承包土地的权利。"第23条第1款规定："县级以上地主人民政府应当向承包方颁发土地承包经营权证或林权证等证书，并登记造册，确认土地承包经营权。"第25条规定："国家机关及其工作人员不得利用职权干涉农村土地承包或变更、解除承包合同。"第53条规定："任何组织和个人侵害承包方的土地承包经营权的，应当承担民事责任。"此外，《土地管理法》第13条规定："依法登记的土地的所有权和使用权受法律保护，任何单位和个人不得侵犯。"

本案中，乡政府无权干涉王大强等5名村民的土地承包经营权，更无权将土地收回并发包给他人，因此，法院应支持王大强等 5 人的诉讼请求。

38 征地补偿款是否为夫妻共同财产?

典型事例

张晓强系某县城一企业职工，1994 年初经人介绍与该县城城郊接合部农民王芳相识恋爱，1994 年 12 月登记结婚，婚后于 1996 年 11 月生育一子。2010 年 6 月，县城一单位经有关部门批准征用王芳所耕种的土地，王芳因此而得到土地补偿费、安置费以及土地附着物和青苗补偿费共 25000 元。2011 年 9 月，经相关部门批准，张晓强、王芳用婚后积蓄及王芳取得的征用土地补偿费在王芳户籍地建楼房一幢。2014 年 11 月，张晓强以其与王芳夫妻感情破裂为由向法院起诉，要求与王芳离婚。

本案在审理过程中，张晓强、王芳双方对离婚及子女的抚育形成一致意见，但双方在财产分割上争议较大。张晓强认为，双方结婚以来，王芳没有工作，家庭经济的主要来源就是张晓强的工资收入，王芳 2000 年 6 月所得到的 25000 元征用土地补偿费也是双方结婚后取得，亦是夫妻共同财产，故主张婚后财产均分已是照顾王芳了。王芳则认为，其于 2000 年 6 月取得的征用土地补偿费 25000 元是其个人财产，应从共同财产中提取，剩余部分才能作为夫妻共同财产进行均分。

法津分析

对于本案中征地补偿款的归属，有两种不同的意见：

第一种意见认为：2000 年 6 月，王芳取得的 25000 元征用土地补偿费系张晓强、王芳婚后王芳方取得的财产，其财产性质类似于婚后夫妻一方接受赠予的财产是夫妻共同财产（没有特别约定）一样的道理，且事实上，张晓强、王芳结婚后，张晓强的工资收入是家庭经济的主要来源，其工资收入要远超过王芳取得的25000元征用土地补偿费，根据公平原则，主张将王芳取得的征用土地补偿费作为夫妻共同财产进行处理。

第二种意见认为，王芳于2000年6月取得的征用土地补偿费25000元，与职工买断工龄款及因道路交通事故遭受人身损害获取的赔偿款是一个性质，其类似于养老保险金，具有专属的人身特定性，不能作为夫妻共同财产对待。

目前，我国法律对征地补偿款的权属并无明文规定。根据《婚姻法》第17条规定，夫妻在婚姻关系存续期间所取得的共同财产包括：工资、奖金，生产、经营的收益，知识产权的收益，继承或赠予所得的财产（遗嘱或赠与合同中确定只归夫或妻一方的财产除外），其他应当归共同所有的财产。对"其他应当归共同所有的财产"的范畴，最高人民法院《关于适用〈中华人民共和国婚姻法〉若干问题的解释（二）》第11条也作出了明确规定，一方以个人财产投资取得的收益，男女双方实际取得或者应当取得的住房补贴、住房公积金，男女双方实际取得或者应当取得的养老保险金、破产安置补偿费。

另外，我国《婚姻法》第18条规定："下列财产为夫妻一方财产：①一方的婚前财产；②一方因身体受到伤害获得的医疗费、残疾人生活补助费等费用；③遗嘱或赠与合同中确定只归夫或妻一方的财产；④一方专用的生活用品；⑤其他应当归一方的财产。"可见，我国现行法律或司法解释对土地补偿款的权属问题没有作出明确规定或解释，因此主张个人所有或者主张共同所有，都没有明确的法律依据。

但是，土地补偿款具有专属性特征。《物权法》第42条第2款规定："征收集体所有的土地，依法应当足额支付土地补偿款、安置补助费、地上附着物和青苗补偿款等费用。"因为土地是农民最大和最后的保障，是农民赖以生存的根本，土地补偿费实质是对失地农民这一特定身份人群的一种生活保障，是失地农民今后生活的主要依靠。农民耕种的责任田被征用，是对土地经营权的永久性丧失，从而失去一份重要的生活保障。由此可见，土地补偿款是对失去耕地农民个人的一种金钱补偿，具有明显专属性。

综上所述，在法律尚没有明文规定的前提下，根据相关法律的规定以及立法原则，土地补偿款是具有个人专属性质的，因此不能作为夫妻共同财产进行处理。

39 土地承包经营权转让后，补偿款归哪一方？

典型事例

孙大力和李泉同属于山东省临沂市某村的村民，孙大力有家庭承包地20亩，但由于孙大力长年在外地工作，于是想把这20亩承包地转让给本村李泉，双方于2005年达成《土地转让协议》，约定自愿将其20亩承包地转让给李泉，李泉向孙大力支付每亩地2000元的转让费用，以后的权利义务由李泉承担。随后，李泉便在该土地上进行耕种。2012年，当地政府征收土地，这20亩承包地正好在征地范围之内，当地政府将补偿款全部支付给了李泉，孙大力认为该20亩土地仍在自己的名下，补偿款应给自己，于是与李泉产生了纠纷。

法律分析

根据《土地管理法》及《农村土地承包经营权流转管理办法》的规定，土地承包经营权可以依法进行流转，土地承包经营权的流转方式包括转包、出租、互换、转让、入股等方式。本案属于土地承包经营权以转让的方式流转，转让是指承包方有稳定的非农职业或者有稳定的收入来源，经承包方申请和发包方同意，将部分或全部土地承包经营权让渡给其他从事农业生产经营的农户，由其履行相应土地承包合的权利和义务。

转让的性质：首先，主体问题，转让方要有稳定的非农职业或者有稳定的收入来源，受让方与转让方应同属于同一集体经济组织，并且是从事农业生产经营的农户；其次，转让必须报请发包方批准同意，否则转让无效；最后，转让后原有的承包关系消灭，新的承包关系产生。

征地补偿费用：征地补偿包括土地补偿费、安置补助费和地上附着物补偿费，根据《土地管理法》的规定，土地补偿费是对土地的补偿，由于集体土地的所有权属于村集体，因此这部分补偿是归村集体所有的，如何分配由村民会议决定；安置补助费是支付给被安置人口的，是对承包经营权人失去承包经营权的一种补偿，因此这部分补偿是要支付给承包经营权人的；地上附着物补偿费，是对土地上的附着物的一种补偿，因此这部分补偿是对地上附着物的实际所有者的。

本案中，孙大力虽然与李泉签订了《土地转让协议》，但由于双方并未报请发包方也就是村委会批准，因此该转让是无效的，也就是说原承包地并未改变承包关系，这20亩的土地承包经营权仍属于孙大力，因此，征地补偿中安置补助费是属于孙大力的，土地补偿费仍属于村集体，由于地上附着物是李泉种植的，所以地上附着物的补偿属于李泉所有。

40 转包协议中约定的土地补偿款归受让土地的一方，有效吗？

典型事例

2001 年 11 月 19 日，代尊明作为罗开仪农村土地承包经营户（原为代仲金农村土地承包经营户，后因代仲金死亡于 2010 变更为罗开仪农村土地承包经营户）的成员与朱多书、杨朝波签订了一份土地转包协议，协议载明：经新屋村中湾合作社的代尊明、朱多书协商，将代尊明 3 人的承包地，包括（田、土）转包给朱多书经营，经双方协商达成如下协议：①转包期间，按国家规定范围永久转包给朱多书耕种，在转包期间代尊明三人应交国家集体的一切费用由朱多书负责；②转包期间如有被国家或其他单位及个人征用赔偿的一切费用归朱多书享受。该协议有中湾合作社的社长吴明忠（又名吴明勇）的签字，该协议的复印件由吴明忠保管一份，作为要求朱多书缴纳相关税费的依据。协议签订后不久，由社长吴明忠组织双方对承包地的四界进行了指认，并交给朱多书、杨朝波耕种，由朱多书、杨朝波缴纳了相应的农业税和负担款。朱多书、杨朝波分别于 2001 年 11 月 22 日、2004 年 2 月 16 日将户口迁入綦江县隆盛镇新屋村大坪组。2011 年，该承包地的一部分（0.227 亩）被征收，产生了 6356 元的补偿款，其中土地补偿费 681 元、未转非农户安置补助费 5675 元。因双方对征地补偿款的权属发生纠纷，朱多书、杨朝波诉至法院要求确认转让协议有效，判决征地补偿款归其所有。

法律分析

本案的焦点是罗开仪农村土地承包经营户的土地补偿费和安

置补助费是否应归朱多书、杨朝波所有。

《物权法》第42条第2款规定："征收集体所有的土地，应当依法足额支付土地补偿费、安置补助费、地上附着物和青苗的补偿费等费用，安排被征地农民的社会保障费用，保障被征地农民的生活，维护被征地农民的合法权益。"土地补偿费在性质上是对农村集体土地所有权的补偿，土地补偿费分配权是基于集体经济组织成员的身份而产生的，只要具有集体经济组织成员资格，即应当享有均等分配土地补偿费的权利，安置补助费的目的在于解决集体经济组织因土地被征收而产生的剩余劳动力的安置问题，具有强烈的人身性，保障以土地为主要生产资料和生活来源的失地农户的基本生活。罗开仪农村土地承包经营户领取的土地补偿费和未转非农户安置补助费，均是因其集体经济组织成员的身份而产生的。由于转包合同是承包方将部分或全部土地承包经营权以一定期限转给同一集体经济组织的其他农户从事农业生产经营，转包后原土地承包关系不变，本案双方在转包合同中约定"转包期间如有被国家或其他单位及个人征用赔偿的一切费用归朱多书享受"，朱多书、杨朝波只能对转包期间影响农业生产经营情形下的相关补偿费用享有请求权，承包土地被征收后，转包关系失去存在基础，朱多书、杨朝波请求土地补偿费和安置补助费归其所有没有事实和法律依据。土地补偿费和安置补助费因补偿对象的身份专属性不受双方转包合同约定"转包期间如有被国家或其他单位及个人征用赔偿的一切费用归朱多书享受"的限制，也就是说朱多书等并不能取得土地补偿费和安置补助费。

41 发展养殖业却在承包地上建大棚，属于改变土地用途吗？

典型事例

2002 年 3 月 25 日，绥中县高台镇胡家村民委员会，为促进本村农民致富，大力发展畜牧业生产，向绥中县政府、高台镇政府申请，在本村建养牛示范小区，经胡家村民委员会在该村二组多次召开全体村民组大会，历经一个月之久，二组村民一致同意发展养殖业。经县政府、乡政府、县畜牧局批准，二组村民一致同意将坐落在凉水西岭的山坡地拿出，由村委会统一规划，另行发包给养殖户，其中张洪伟家在该村的西岭山坡地拿出 1.36 亩转包给马文永父亲马俊成发展养殖业生产，张洪伟与马文永父亲在胡家村委会的监督下，签订了协议书，承包期限 29 年，承包费 3900 元（一次性付清）。2011 年马文永父亲马俊成去世，马文永接管继续承包养殖并建起大棚，进行棚式饲养。张洪伟认为，马文永在其承包的土地上建大棚，改变用途，遂起诉至法院，请求解除土地承包协议，恢复土地原状，拆除建筑物。

法律分析

本案的土地流转承包，是依照《农村土地承包法》的相关规定，经村委会申请，全体村民会议决定，并经县镇府、镇政府、县畜牧局批准，当事人双方协商确定的。双方所签订的土地流转承包协议有效，近年来马文永在该承包地上建造大棚，亦是为了更好的发展养殖业的需要，并未改变土地用途，依法成立的合同受法律保护，该承包协议应继续履行。

《农村土地承包经营权流转管理办法》第 15 条规定："承包方

依法取得的农村土地承包经营权可以采取转包、出租、互换、转让或者其他符合有关法律和国家政策规定的方式流转。"根据该规定，承包方通过互换的方式流转承包地并不违反法律规定。另外，《合同法》第 6 条规定："当事人行使权利、履行义务应当遵循诚实信用原则。"因此，马文永在该承包地上建造大棚，是为了更好地发展养殖业的需要，并未改变土地用途，依法成立的合同受法律保护，该承包协议应继续履行。

42 "土地调拨单"是否构成讼争土地承包经营权的转让？

典型事例

在第二轮农村土地承包时，焦林凤家庭取得位于溧阳市别桥镇后周村委周家背村七亩头 1.5 亩土地承包经营权，并领取了由溧阳市人民政府颁发的农村集体土地承包经营权证书，经营权证书上户主为龚春雷，焦林凤丈夫龚春雷因车祸已死亡。2003 年 3 月，焦林凤家庭承包的位于七亩头的 1.5 亩土地，因建公路被用掉 0.2 亩，剩余 1.3 亩于 2003 年 12 月由沙财荣耕种。沙财荣认为焦林凤承包的七亩头 1.3 亩土地已转让给了沙财荣，对此沙财荣提供了一份申请及一份土地调拨单，申请载明：本人（即沙财荣）因养殖需要，今征求被征地人同意，对下列几位农户的田调整至本人负担卡上，望组里同意。申请上有 5 户农户，龚春雷在申请上签了名，申请时间为 2003 年 12 月 3 日。土地调拨单载明：划出栏中注明划出农户姓名、面积及农户签名，其中有龚春雷的签名，划进栏中注明了沙财荣姓名，划进面积及沙财荣的签名，土地调拨时间为 2004 年 4 月 20 日。2012 年 8 月 3 日，后周村委在土地调拨单上写明：经双方协商同意，自愿调整，并经村委同意，承包经营的土地由龚春雷调整给沙财荣经营，此复印件与原件相符一致。焦林凤认为，申请中写得很清，农户田调到沙财荣负担卡上，因为田由沙财荣耕种，相关税费当然由沙财荣负担，土地调拨单也只是调整土地实际耕种人及相关税费的负担，不能证明土地承包经营的变化。沙财荣通过调拨取得土地面积20余亩，沙财荣在讼争的土地上耕种水稻。

法律分析

首先，我们需要明确的是，焦林凤提起诉讼，其主体资格符合法律规定，虽然农村集体土地承包经营权证书上户主为龚春雷，但龚春雷是焦林凤的丈夫，龚春雷去世后，焦林凤作为家庭成员，就家庭承包的土地发生纠纷，有权以原告身份提起相应民事诉讼。本案双方之间的土地流转关系属一种转包关系，而不是转让关系。根据沙财荣提供的申请及土地调拨单，看不出焦林凤已将讼争土地的承包经营权转让给了沙财荣，申请中载明农户田调整至沙财荣负担卡上，只能说明农户将其承包的土地交由沙财荣耕种，该土地上应交相关税费应由沙财荣负担，不能证明沙财荣已取得该土地的承包经营权。土地调拨单载明划出、划进不是法律用语，我国《农村土地承包法》对土地流转形式只规定为转包、转让、互换等流转形式，而没有划出、划进的规定，故承包地划出不等于承包经营权的转让。我国《农村土地承包法》对土地承包经营权转让作了较为严格的规定，因为土地承包经营权是农民的基本生产资料和基本生活资料，所以在土地承包经营权转让时，必须签订书面转让合同，必须严格遵循自愿、公平、等价有偿等原则，双方之间的承包经营权转让不符合上述规定，故法院不予认定；又因双方之间对土地承包经营权未约定期限，按照我国《合同法》的相关规定，焦林凤有权随时要求沙财荣返还。鉴于沙财荣也在讼争土地上种植水稻，故应在本季作物收割后将位于七亩头的1.3亩承包地返还给焦林凤。沙财荣认为讼争土地的承包经营权已于2004年4月20日由"土地调拨单"调整后为其所有，但对此仅仅提供了土地调拨申请和调拨单，并未能提供其他如承包经营权转让合同或承包经营权证书等有利证据，仅凭上述证据不能认定上诉人沙财荣已取得讼争土地的承包经营权。

43 村民小组与公司签订的协议能否取代之前农户们签订的协议？

典型事例

2005年4月13日，赵前与河北峰峰农业发展公司签订《土地流转承包经营协议》，该协议约定：赵前自愿将其承包的土地3.81亩转包给河北峰峰农业发展公司经营、使用、收益，期限为50年，自2003年9月10日起至2053年12月31日止。河北峰峰农业发展公司承包赵前土地后，享受国家退耕还林补助政策，在承包期内按照每年每亩150公斤原粮（稻谷、质量中等）或按市场价格折价现金兑付给赵前。2004年按原合同标准补偿，具体兑付时间以国家退耕还林兑付时间为准，享受退耕还林政策完毕后，应在每年10月底付清土地补偿金。该协议签订后，赵前原先委托村社与河北峰峰农业发展公司签订的土地流转协议自行终止。违约责任：若赵前违约，应按实际投入总额赔偿给河北峰峰农业发展公司，若河北峰峰农业发展公司违约，则其不得收回已投入的资金。赵前实际交付河北峰峰农业发展公司土地3.83亩。

后河北峰峰农业发展公司在履行双方签订的合同中，已依约兑付了2008年以前的土地补偿金。2009年，河北峰峰农业发展公司仅按200元/亩的标准，给赵前兑付了部分土地补偿金。2009年

8月18日，河北峰峰农业发展公司与丰都县保合镇盖灵庙村二社签订《土地流转承包经营补充协议书》，该补充协议约定：第一，继续执行2003年9月10日签订的《土地流转承包经营协议》，承包期50年不变，将补偿及支付方式修改为由河北峰峰农业发展公司给农户每年每亩补偿土地流转费200元，不论国家对退耕还林检查验收合格与否，均由山丰公司在每年8月31日前兑付……第三，2009年6月23日在"社员代表及村民议事代表"会议上，全体农户一致同意本社社长代表村民与山丰公司签订的《土地流转承包经营补充协议书》。丰都县保合镇盖灵庙村村民委员会作为见证单位，并在该补充协议上盖章。2011年7月8日，丰都县保合镇盖灵庙村二社与河北峰峰农业发展公司签订《土地流转承包经营终止协议书》，约定终止双方签订的土地流转承包经营协议及补充协议，盖灵庙村二社同意2010年度的所有退耕还林款项由河北峰峰农业发展公司领取并所有，2011年度起的所有退耕还林款项由盖灵庙村二社享有。赵前请求法院判决河北峰峰农业发展公司继续履行2003年9月10日双方签订的土地流转承包经营协议至期满止，支付赵前2009年土地流转补偿金差额495.30元及2010年土地流转补偿金1485.90元，共计1981.20元。

法津分析

赵前与河北峰峰农业发展公司签订的《土地流转承包经营协议》系双方当事人真实意思表示，该协议合法、有效，双方当事人均应按该协议约定的内容全面履行自己的权利义务。根据合同的相对性原理，只有签订合同的双方当事人达成合意后才能对合同进行修改、补充和终止。河北峰峰农业发展公司不能通过与村社签订补充协议、终止协议的方式来补充、终止与农村承包经营户签订的土地流转承包经营协议。《土地流转承包经营协议》的合同当事人应系河北峰峰农业发展公司与赵前，依约定或者法定条件当事人可以解除该合同。但该合同履行期届满前，双方当事人没有约定解除该合同的情形。诉讼中，河北峰峰农业发展公司主张其分别与丰都县保合镇盖灵庙村二组签订《土地流转承包经营补充协议书》以及《土地流转承包经营终止协议书》，已经变更或终止双方所签《土地流转承包经营协议》，但因丰都县保合镇盖灵庙村二组并非《土地流转承包经营协议》的合同一方当事人，该村组的行为对赵前不能构成代理，也未依法得到赵前的追认。河北峰峰农业发展公司虽提供了《社员代表及议事代表会议记录》等证据，但这些证据不能证明赵前参与了变更和终止《土地流转承包经营协议》的议事活动，从而形成一致意见。河北峰峰农业发展公司的该诉讼主张仅可表现为其单方面变更或终止《土地流转承包经营协议》的意思表示，其并不据此享有合同的法定事由解除权，不能产生变更和终止合同的效力。因此，双方所签《土地流转承包经营协议》尚未终止，河北峰峰农业发展公司不履行该协议的行为已经构成违约，依法应当承担违约责任。

44 土地互换协议中涉及第三人的财产，该如何处理？

典型事例

2000年3月21日，王大与赵三签订协议，约定双方互换果树经营，期限自2000年3月21日至2027年。在互换经营期间，王大经营的果树和土地被政府征用。另查，2013年11月22日瓦房店市永宁镇邢家村民委员会给出证明，王大在互换协议中用于互换的果树，属于邢家村民委员会将张庆君的果树承包经营权承包给王大经营；现动迁的土地和果树在村里的账面上是赵三，现土地和果树是王大在经营。

一审法院认为，公民依法享有合法的土地承包经营权。对于涉案果树，瓦房店市永宁镇邢家村民委员会给出证明，王大在互换协议中用于互换的果树，属于邢家村民委员会将张庆君的果树承包经营权承包给王大经营，王大有权自主进行互换经营。赵三签订协议时已经知道王大用于互换的果树属于第三人张庆君，且与王大互换果树经营十余年，双方互换协议已经实际履行，并无不当，该互换协议应为有效协议。赵三辩解理由不成立，一审法院不予支持。果树与土地不可分离，虽涉案土地及果树台账未做更改，但并不影响协议履行，故涉案土地及果树应由王大继续经营。依照《中华人民共和国民法通则》第80条、《中华人民共和国农村土地承包法》第9条之规定，判决如下：王大与赵三签订换果树协议有效，协议中果树30棵及土地由王大继续经营。案件受理费100元，由赵三承担。

一审法院宣判后，赵三不服一审判决，向中院提起上诉，请求撤销一审判决，依法改判确认双方签订的《换果树协议书》无效。其依据的主要理由是：①王大用于与上诉人互换的果树是案外人张庆君承包的，经营权登记在张庆君名下，一审法院仅依据村委会的证明，认定村委会将张庆君的果树承包经营权承包给王大经营，没有通知张庆君的家属参加诉讼，属认定事实不清；②王大在没有依法取得承包经营权的情况下，与上诉人签订《换果树协议书》，该互换协议损害了案外人张庆君的利益，而且协议书中，王大用以互换的土地属于侯家屯8组，而上诉人的土地属于侯家屯7组，互换的土地不属于同一集体经济组织所有，故该协议无效。

王大答辩称不同意上诉人的上诉请求及理由，认为一审判决认定事实清楚、适用法律正确，请求予以维持。其主要观点为：张庆君已经去世了，所以说不涉及侵害他利益的事，张庆君去世后，村委会就将该地承包给了王大，是上诉人找王大交换的土地。

法律分析

本案中，王大是否有权继续拥有果树的经营权呢？《农村土地承包法》第12条规定："农村集体所有的土地依法属于村农民集体所有的，由村集体经济组织或村民委员会发包。"瓦房店市永宁镇邢家村民委员会已出具证明，证实将张庆君的果树承包经营权收回后承包给王大，则根据《农村土地承包法》第40条的规定，承包方之间为耕种或各自需要，可以对属于同一集体经济组织的土地承包经营权进行互换。据此，赵三与王大有权自主决定土地经营权互换。上诉人无据证明上诉人与王大签订的《换果树协议书》符合《合同法》第52条，即确认合同无效的法定情形，且案涉协议已实际履行十余年，故一审法院确认该互换协议有效，并依据该协议王大有权经营互换后的30棵果树及其土地于法有据，二审法院予以确认。

45 土地互换中，善意第三人的权利如何主张？

典型事例

李四与李铁是兄弟关系，李铁系李四的哥哥，二人均系绛县古绛镇北杨村第二居民组居民。李四同家人在外打工期间，将自己的1.9亩承包地委托给被告李铁耕种。被告周凤系绛县古绛镇北杨村第一居民组居民。2005年12月份，被告周凤的妻子病故，坟地踩在李四位于村北车盘路东的承包地里。在中间人王青山、乔玉亮的说和下，周凤与李铁在未征得原告李四同意的情况下口头达成暂时换地协议，由周凤耕种李四的承包地，而周凤与之相等的承包地由被告李铁耕种，但双方耕种土地的权属不变。原告李四在得知事情后即要求被告李铁换回承包地，但被告周凤不同意，后经中间人及村委会调解均未能达成协议。

一审法院认为：周凤按当地农村习俗将妻子葬于祖坟，为此交换耕地是人之情理。但李铁在与周凤交换耕地时，未征得土地承包经营权人李四的同意，李四在得知土地被互换后，亦未对换地协议予以追认，并且李铁也未获得该土地的处分权。因此，李铁、周凤的换地协议侵害了原告的合法利益，李铁、周凤口头达成的换地协议无效。根据《中华人民共和国合同法》第52条、58条之规定，判决：被告李铁与被告周凤口头达成的承包地交换协议无效；驳回原告李四的其他诉讼请求。

一审判决后，周凤不服，向法院提起上诉。上诉理由是：原判认定事实错误。上诉人周凤与原审被告李铁互换的承包地与被上诉人李四无关，此地一直在李铁名下，村里众所周知，此地的土地承包经营权人是李铁。2005年，上诉人的妻子葬于祖坟符合当地农村习俗，为此上诉人与李铁交换耕地亦在情理之中，且双方交换耕地已达9年时间。原审被告李铁为达个人目的，歪曲事实，骗取村委会和中间人证明，以被上诉人李四为原告，起诉要求撤销换地协议返还承包地并恢复原状是滥用诉权，侵害上诉人的合法权益。故请求二审法院查明事实，撤销原判，驳回被上诉人李四的原审诉讼请求。

被上诉人李四答辩称：北杨村委会的证明能证实李四是本案讼争土地的实际承包人。虽然李铁与周凤二人私自换地已达9年。但是被上诉人在知道了此事后，多年来一直要求李铁将地换回来，并经过了居民组、北杨村调委会、村委会、法院的几次调解，均没有解决，无奈之下才向法院起诉的。周凤所称李铁"为达个人目的，歪曲事实，骗取村委会和中间人证明"是自己主观臆想，没有任何证据证明。综上，请求二审法院驳回上诉人的上诉请求，维持原判。

二审法院经审理查明：被上诉人李四与原审被告李铁是兄弟关系，李铁是李四的三哥，二人均系绛县古绛镇北杨村第二居民组居民。2005年12月，上诉人周凤的妻子病故，坟地踩在本案讼争土地里。后在中间人王青山、乔玉亮的说和下，周凤与李铁达成了换地协议，双方交换耕地已达9年。另查明，北杨村委会于2003年将本案讼争土地分给了李铁，后李铁兄弟分家时，将该块土地分给了李四，但没有进行登记。

法律分析

国家保护承包方依法、自愿、有偿地进行土地承包经营权流转。本案中，双方讼争土地的承包经营权人是李铁，而非李四。根据相关法律规定，李四无权要求善意第三人周凤换回土地，其也无充分证据证实周凤与李铁的换地协议符合《合同法》规定的可撤销情形，故李四的反驳理由法院不予采纳。周凤与李铁互换土地是双方真实意思表示，且已实际履行达9年时间，双方应按该协议继续履行。综上，原判认定事实错误，适用法律不当，应予纠正。《农村土地承包法》第10条规定："国家保护承包方依法、自愿、有偿地进行土地承包经营权流转。"第32条规定："通过家庭承包取得的土地承包经营权可以依法采取转包、出租、互换、转让或者其他方式流转。"第38条规定："土地承包经营权采取互换、转让方式流转，当事人要求登记的，应当向县级以上地方人民政府申请登记。未经登记，不得对抗善意第三人。"《合同法》第54条规定："下列合同，当事人一方有权请求人民法院或者仲裁机构变更或者撤销：（一）因重大误解订立的；（二）在订立合同时显失公平的。一方以欺诈、胁迫的手段或者乘人之危，使对方在违背真实意思的情况下订立的合同，受损害方有权请求人民法院或者仲裁机构变更或者撤销。当事人请求变更的，人民法院或者仲裁机构不得撤销。"

最终二审法院撤销了一审判决，驳回被上诉人李四的原审诉讼请求。

46 如何区分长期互换耕地还是临时互换耕地？

典型事例

周大系原偏柏乡鱼水村7组农户，吴三系原偏柏乡卡竹村2组农户，2003年酉阳县村组调整时将偏柏乡鱼水村7组与偏柏乡卡竹村2组合并为偏柏乡偏柏村2组。1992年时，双方为了耕种方便，达成口头协议：周大用其承包经营的"广东店"一部分与吴三承包经营的"白家后头"互换耕种。互换地"广东店"的四至界限为："东至白明思土，南至孙德宣田，西至孙德兴田，北至路。"互换地"白家后头"的四至界限为："东至周大林地，南至大路，西至孙进华土，北至白家房屋。"但双方的互换行为没有经过当时各自时任组长的书面同意，互换后双方各自耕种互换地。2003年因退耕还林政策的施行，双方都将互换后的地进行了退耕还林，并各自按照互换后的土地领取退耕还林补偿款。同时酉阳县林业局按照双方互换后的退耕还林地给双方各自进行了林权确权颁证。周大的《林权证》中记载的"白家后头"的四至界限为：东至金钩荒山，南至大路，西至孙进华土，北至白明崖；吴三的《林权证》中记载的"广东店"的四至界限为：东至周大土，南至孙德宣田，西至孙德兴田，北至路。同时在2010年对1998年的第二轮土地承包经营权重新颁证时将互换前的"广东店"与"白家后头"分别填在双方的农村土地承包经营权证中。现因吴三将"白家后头"的部分土地转让给他人修建房屋发生纠纷。经偏柏村民委员会组织调解达成一致后，周大反悔，到偏柏乡综治办申请另行调解未能达成一致。现周大认为当初双方达成的是长期互换耕种协议，吴三擅自转让互换后的土地给他人建房违反当初双方的约定，故起诉请求判令吴三继续履行互换耕地的协议，并承担本案的诉讼费。

法津分析

一审法院认为，本案的争议焦点只有一点，即周大与吴三究竟是长期互换耕种还是临时互换耕种。从庭审查明，1992 年双方将"广东店"一部分与"白家后头"达成口头互换耕种协议这一事实没有争议，双方就互换的期限有异议。虽然双方在互换土地耕种时不属同一集体经济组织，但在 2003 年村组调整时双方均成为偏柏乡偏柏村 2 组同一集体经济组织成员，且在庭审中经当庭询问现任组长的意见，对双方的互换耕种行为组上知晓且没有异议，也即是取得了事后组上的追认，根据《农村土地承包法》第 40 条的规定，承包方之间为方便耕种或者各自需要，可以对属于同一集体经济组织的土地的土地承包经营权进行互换。因此应认定当初双方的口头互换耕种协议合法有效。但原、被告究竟是长期互换还是临时互换因双方没有书面的协议，故只能从双方事后的行为来进行判定。周大与吴三于 1992 年开始互换耕种，于 2003 年退耕还林后双方均按照互换耕种后的土地领取退耕还林补偿款，且于 2003 年退耕还林后林业局将"白家后头"以林权证的形式确权给了周大，将退耕还林后的"广东店"确权给了吴三。双方在领取林权证后多年来没有异议，因林权的承包经营权为 70 年，这一事实说明原、被告间对办理林权证的"广东店"与"白家后头"

达成了长期互换耕种的协议。现吴三将换给周大耕种的"白家后头"转让给他人的行为违反了其与周大的协议约定，根据《合同法》第107条"当事人一方不履行合同义务或者履行合同义务不符合约定的，应当承担继续履行等违约责任"的规定，故对周大的诉讼请求一审法院予以支持。

吴三不服一审判决，提起上诉，二审法院查明：1992年周大用"广东店"的土地交换吴三"白家后头"土地，双方形成土地承包经营权互换合同。吴三在一审中举示的偏柏乡偏柏村委会作出的《关于偏柏乡偏柏村二组吴三与周大因退耕地权属之争的情况说明》的内容，证明了周大与吴三在2010年将1992年互换的土地又相互换回。《偏柏乡偏柏村民事纠纷调解意见书》的内容证明了吴三与周大在1992年互换的土地已相互退回各自管理。上诉人在二审中举示的偏柏乡人民政府与偏柏乡林业站共同作出的《证明》也证明了双方1992年互换的土地在2010年又相互换回。综合以上几份证据的内容，能够证明周大农村承包经营户与吴三农村承包经营户在1992年互换的"广东店"土地与"白家后头"土地，在2010年又已互换回来。合同的继续履行应当以合同能够继续履行为前提，双方于1992年订立的口头土地互换合同，因在2010年已经相互换回，则1992年的互换合同已无继续履行的条件。故一审判决吴三继续履行合同错误，应予改判驳回周大的诉讼请求。上诉人吴三的该项上诉事实及理由成立，对其上诉请求，二审法院予以支持。最终，二审法院撤销了一审法院的判决结果，同时驳回了周大的诉讼请求。

47 土地互换长达20年，是否构成事实上的互换合同？

典型事例

黄大、黄二、黄三与黄南属于不同生产队的村民，黄大、黄二、黄三与黄社玲属于同一生产队的村民。1990年10月3日，黄大、黄二的父亲黄恩枢将自己家里的承包责任田中位于大路下（土名）3分田换给黄南耕作使用，黄南将自己承包的3分地（可以批准建房）换给黄社玲作为建房宅基地使用，黄社玲将自己家里承包的责任田换给黄恩枢耕作使用，签订了交换田使用协议书，并由双方生产队队长确认签名。同年，黄社玲便报批在换来的土地上建筑房屋基础。协议签订后，黄恩枢换给黄南的责任田由黄南耕作使用至今。1999年京珠高速征地时，黄社玲换给黄恩枢的责任田被征收。同年3月1日，三八乡二七管理区塘一经济合作社作为发包方向黄恩枢核发《农村集体土地承包经营权证书》，黄恩枢所承包土地是坐落于京珠大路边的门口田，面积五亩（包含已互换的讼争土地"大路下"三分田），承包期限30年（自1999年1月至2029年1月）。2005年3月黄恩枢去世后，黄大、黄二于2012年8月以土地承包经营权证书上载明门口田属于其父黄恩枢并由其合法继承为由，要求黄南归还讼争土地。

法律分析

本案是农村土地承包经营权互换合同纠纷。争议焦点是1990年10月3日所签订协议书是否有效的问题。1990年10月3日签订协议书双方无异议，予以确认。该协议书是双方真实意思表示，并由双方生产队队长签名同意，该行为并不违反当时的法律规定，没有损害社会公共利益，也没有损害国家、集体或者第三人的利益，该承包土地互换行为合法有效，应受法律保护。虽然土地承包经营权证书上载明京珠大路边的门口田面积五亩（包含互换的土地"大路下"三分田）属于黄恩枢经营，但五亩田中的三分田已于1990年10月3日就已经进行了互换，互换后双方又实际长期耕种和管理，且互换事实已达二十几年。因此，黄大、黄二、黄三请求归还"大路下"三分田的主张缺乏事实和法律依据，不予支持。据此，一审法院于2013年9月11日作出（2013）清佛法民二初字第159号民事判决：驳回黄大、黄二、黄三的诉讼请求，一审案件受理费100元，由黄大、黄二、黄三负担。

黄大、黄二、黄三不服一审判决，向法院提起上诉，二审法院认为黄恩枢虽然在黄社玲、黄恩枢、黄南就互换责任田问题签订的《协议书》上签名，但因该协议书上所约定的互换田地内容没有涉及黄恩枢承包的田地，且该协议书因黄恩枢的个人原因而没有履行，故该协议书对黄恩枢不具有约束力。黄恩枢、黄南、黄社玲三人虽然没有签订换地协议，但从黄大、黄二、黄三、黄南、黄社玲的陈述中可知，三人存在长期互换田地的事实，二审法院对此事实予以确认。由于黄恩枢、黄南、黄社玲三人就自身承包的田地进行互换已长达二十多年，且各方对互换后的田地进行了耕作、建房等实际长期管理行为，可以推定出三方具有换断田地的主观意愿和事实行为。虽然《农村集体土地承包经营权证书》上载明涉案土地属于黄恩枢经营，但其并不能推翻在权利证书颁发前所存在的换断涉案田地的客观事实。黄恩枢、黄南、黄社玲三方的换地事实真实、客观、长期存在，该事实行为对黄恩枢具有约束力。最终，二审法院维持原判。

48　妻子代替丈夫签订土地流转合同，可以吗？

典型事例

　　余春华原居住在保康县寺坪镇台口村，因修建水库，其房屋、土地位于淹没地带，余春华一家于 2005 年按政策移民迁至现居住地（简家坪村 5 组）。2007 年 1 月 20 日，黄德生在外打工，其妻张其荣以黄德生的名义与余春华签订一份房屋转让协议，约定："第一，黄德生将其在简家坪村 5 组所有的两间土木结构房屋永久性转让给余春华，面积以土地使用证记载为准，包括厕所、猪栏、空闲宅基地、房前屋后林木、水、电、路设施。转让价为 4000 元。第二，黄德生所承包的集体土地全部永久转让给余春华，包括菜园及土地上所有附属物，转让价为 2160 元。第三，黄德生将土地使用证和土地经营权证交给余春华，由余春华负责办理过户手续。第四，合计款项 6160 元，签订协议时付 3000 元，2007 年 3 月 1 日付清。"合同对房屋登记过户等相关事宜也进行了约定。签订合同时，双方邀请了时任该村党支部书记柳长继到场见证。余春华按约定付清了价款，黄德生之妻张其荣按协议约定将房屋及土地承包经营权相关证件交付给余春华。后余春华一直居住该房屋至今，土地也是余春华在耕种管理。黄德生称在 2007 年 4 月知情后至 2012 年 3 月期间，未向余春华主张过权利。现黄德生以签订协议时余春华有欺诈行为，其妻张其荣越权处分共有财产及土地承包经营权而自己不知情为由，提起诉讼。简家坪村是以村为单位的集体经济组织。黄德生之妻张其荣与余春华签订房屋转让协议书转让房屋、土地的情况，时任简家坪村党支部书记柳长继证明："山林、土地由移民自行与其他农户协调转让，该村不反对，山林、土地的承包经营是按发包方规定的条件与黄德生签订的转让协议进行流转。"2013 年 4 月 15 日，简家坪村委会出具证明，证实柳长继的证言符合当时移民的实际情况，且对房屋转让协议书没有异议。

法律分析

关于黄德生所提出的张其荣无权代理、越权处分，被欺诈的诉称理由是否成立的问题。一审法院认为，张其荣与余春华所签房屋转让协议书所涉标的物房屋和土地承包经营权，对于农村家庭而言，当属家庭重要财产和权利，家庭成员高度重视。张其荣作为黄德生之妻，同时作为转让房屋的共有人和土地的共同承包人，与余春华签订房屋转让协议书，作为合同相对人的余春华完全有理由相信张其荣为有权代理和有权处分。另张其荣在签订房屋转让协议书时，有当地基层组织的负责人在场见证并对协议内容当场进行了宣读，不存在余春华欺诈张其荣的情形。再者，黄德生在家庭的重要财产和权利被其妻张其荣处理后，在长达五年有余的时间内未提出异议，不合情理。黄德生所提出的张其荣无权代理、越权处分、被欺诈的诉称理由不能成立。

关于黄德生所提出的合同约定的农村房屋转让违法，土地承包经营权转让未经发包方同意的诉称理由是否成立的问题。一审法院认为，经保康县寺坪镇人民政府确认，简家坪村为以村为单位的集体经济组织，余春华为库区移民，按政策迁入该村，成为该村集体经济组织成员，与黄德生、张其荣属于同一村集体经济组织成员，而且其符合宅基地分配、使用条件，其购买同村村民即黄德生、张其荣的房屋并不违反法律规定，房屋虽未办理登记过户手续，但不影响合同效力。另作为本案中房屋转让协议书所涉农村集体土地的发包人简家坪村委会在协议签订时，其负责人参与协议签订而未就土地承包经营权转让提出异议，至今仍认为符合当时的实际情况，不持异议，应视为其同意本案中房屋转让协议书所涉土地承包经营权的转让。黄德生所提出的合同约定的农村房屋转让违法，土地承包经营权转让未经发包方同意的诉称理由不能成立。

综上所述，黄德生之妻张其荣与余春华所签订的房屋转让协议书是双方真实意思表示，内容合法，且协议的主要内容已经履行完毕，该协议合法有效。黄德生要求确认房屋转让协议书无效，并返还房屋和土地的诉讼请求，缺乏事实依据和法律依据，不予支持。

据此，依照《中华人民共和国民法通则》第5条："公民、法人的合法的民事权益受法律保护，任何组织和个人不得侵犯。"《中华人民共和国物权法》第4条："国家、集体、私人的物权和其他权利人的物权受法律保护，任何单位和个人不得侵犯。"《中华人民共和国合同法》第6条："当事人行使权利、履行义务应当遵循诚实信用原则。"第49条："行为人没有代理权、超越代理权或者代理权终止后以被代理人名义订立合同，相对人有理由相信行为人有代理权的，该代理行为有效。"《中华人民共和国农村土地承包法》第37条："土地承包经营权采取转包、出租、互换、转让或者其他方式流转，当事人双方应当签订书面合同。采取转让方式流转的，应当经发包方同意；采取转包、出租、互换或者其他方式流转的，应当报发包方备案。土地承包经营权流转合同一般包括以下条款：（一）双方当事人的姓名、住所；（二）流转土地的名称、坐落、面积、质量等级；（三）流转的期限和起止日期；（四）流转土地的用途；（五）双方当事人的权利和义务；（六）流转价款及支付方式；（七）违约责任。"判决驳回原告黄德生的诉讼请求。

黄德生不服一审法院的上述判决，向法院提起上诉，二审法院认为，房屋转让协议书是黄德生的妻子张其荣以黄德生的名义与余春华的哥哥余春霖以余春华的名义签订的。余春华认可其是房屋转让协议书中的受让人，黄德生对此也不持异议，故房屋转让协议书中的受让人为余春华。黄德生不认可张其荣以其名义签订的房屋转让协议书，余春华也未提供证据证明黄德生委托张其荣以黄德生的名义签订房屋转让协议书，故房屋转让协议书中的转让人为张其荣。从房屋转让协议书的内容来看，其既约定了农村房屋的买卖，又约定了土地承包经营权的转让，故房屋转让协议书实际上包含两个合同，一是农村房屋买卖合同，二是土地承包经营权转让合同。

张其荣出卖给余春华的房屋属于张其荣与黄德生共有，虽然余春华未提供证据证明张其荣在出卖房屋时取得了黄德生的同意，但黄德生在知道张其荣出卖房屋后近五年的时间内未提出异议，应视为黄德生事后追认了张其荣出卖房屋的行为，故张其荣以黄德生的名义出卖其与黄德生共有的房屋给余春华属于有权处分。余春华与黄德生系同一村集体经济组织的成员，余春华并无其他宅基地，张其荣将房屋出卖给余春华并不违反法律、行政法规的强制性规定。张其荣与余春华达成的农村房屋买卖合同合法有效。黄德生上诉请求判令农村房屋合同无效、余春华返还房屋及相关附属物，不符合法律规定，二审法院不予支持。

张其荣转让给余春华的土地承包经营权属于张其荣与其家庭成员黄德生、黄克林、黄群英共有，虽然余春华未提供证据证明张其荣在转让土地承包经营权时取得了其他共有人的同意，但土地承包经营权属于农村家庭成员共有的一项重要财产权利，通常情况下，家庭成员之一转让家庭成员共有的土地承包经营权，事先都已取得其他共有人的同意，故即使张其荣转让土地承包经营权事先未经其他共有人授权，但余春华有理由相信张其荣有权代表全体共有人转让土地承包经营权。土地承包经营权转让合同已实际履行，其他共有人在张其荣转让土地承包经营权后近五年的时间内均未提出异议，故应视为其他共有人事后追认了张其荣转让土地承包经营权的行为。张其荣将其家庭成员共有的土地承包经营权转让给余春华的行为属于有权处分。

诉讼过程中，发包人简家坪村委会对该土地承包经营权转让没有表示异议，应视为其同意转让。故土地承包经营权转让合同合法有效，余春华已取得了诉争土地的承包经营权。黄德生上诉请求判令土地承包经营权转让合同无效、余春华返还家庭承包责任田，不符合法律规定，法院不予支持。黄德生上诉提出，其知晓张其荣将房屋和土地卖给余春华后明确表示反对，并多次与余春华协商，无证据证实，且与其在接受一审法院询问时陈述的内容不符，法院不予采纳。黄德生上诉还提出，一审判决错误认定土地承包经营权的转让已经发包方同意，理由不能成立，二审法院不予采纳。一审判决认定基本事实清楚，适用法律正确。最终二审法院维持原判。

49 土地承包转让合同是否适用表见代理？

典型事例

1998 年 12 月 31 日，李正福与原海原县兴隆乡新生村委会签订了 13.2 亩的土地承包合同书，家庭承包土地人口共为 6 人。2008 年李正福在其弟李正财的劝说下为了还债到灵武瓷窑堡打工，将承包地分别租给李学勇和李文海耕种，李文海所受让的 8 亩承包土地十年前就由李正福租给李文海耕种，并且被告李文海在地头上建了房屋，2013 年 7 月李文海又对房屋重新进行了装修。

李正福之子李文福曾经营一辆货车，由于经营不善该车被赊销公司扣回，李文福为了偿还高利贷与其父母商议后，李文福与李正福之女李麦艳等人于 2009 年 3 月 13 日将 7 亩土地及 3 间房屋以 3.7 万元的价格转让给李国祥，于 2009 年 4 月将 8 亩土地以 5.2 万元的价格转让给李文海，并由李文福分别在转让协议上签了字，并代李正福和李文国签了字。在转让之前，李正福夫妇也曾回到村子上与人商讨转让土地事宜，被其兄李正强等人劝阻。自 2009 年，李文海、李国祥分别耕种转让来的土地至今。2009 年 6 月，李文海、李国祥分别申请办理集体土地使用证，2009 年 10 月 10 日，同心县人民政府向二人颁发了集体土地使用证。土地转让后，由于土地转让费上涨幅度大，李正福打算将地赎回，曾找人协调赎地，尚未结果李正福便提起诉讼。

法律分析

1. 一审法院认为，土地承包经营权可以依法采取转包、互换、转让等方式流转。公民对个人的私有财产享有占有、使用、处分权。本案焦点是李正福与李文福之间是否构成表见代理：①李正福在其子李文福转让土地前曾到村子上找他人转让土地，被其兄李正强等人劝阻过，说明李正福具有转让土地的意思；②其子女李文福、李麦艳等人作为家庭承包经营权人出面转让土地、房屋时也表示其父母知道转让之事，在转让当年李正福夫妇也给他人说过已经将土地转让的情况；③李正福自认转让前将土地转包给李文海、李学勇耕种并收取租金，转让后一直由李文海、李国祥耕种，说明李正福对转让土地是知情的。

根据以上几点分析，可以认定李正福具有转让土地的意思表示，对李文福的转让行为是认可的或默许的，足以使第三人（受让人）相信李文福有权代表李正福进行转让土地的事宜，李文福的行为构成表见代理。因此，被告李文海、李国祥与被告李文福签订的转让协议不违反法律强制性规定，是双方真实意思表示，该转让行为合法有效，应受法律保护。双方在行使权利和履行义务时均应诚实守信，李正福以其不知情，被告李文福无权转让土地为由，诉讼要求判决土地转让合同无效并返还土地的诉讼请求，因其主张事实与已查明的事实不符，其诉讼主张不符合合同无效的法定情形，故其主张不能成立，不予支持。

2. 宣判后，李正福不服，向法院提起上诉。二审法院认为，农村土地承包经营权可以依法采取转包、互换、转让等方式流转。公民对个人的私有财产享有占有、使用、处分权。本案中，李文福在 2009 年与被李文海、李国祥分别签订土地、房屋转让协议，将李正福名下的土地、房屋分别转让给李文海、李国祥。双方争议焦点：李正福与李文福之间是否构成表见代理；该转让行为是否有效。经审理，二审法院驳回上诉，维持原判。

3. 延伸：表见代理是指行为人虽无代理权，但由于本人的行为，造成了足以使善意第三人相信其有代理权的表象，而与善意第三人进行的、由本人承担法律后果的代理行为。表见代理实质上是无权代理，是广义无权代理的一种。若无权代理行为均由被代理人追认决定其效力的话，会给善意第三人造成损害，因此，在表见的情形之下，规定由被代理人承担表见代理行为的法律后果，更有利于保护善意第三人的利益，维护交易安全，并以此加强代理制度的可信度。

《合同法》第 49 条规定："行为人没有代理权、超越代理权或者代理权终止后以被代理人名义订立合同，相对人有理由相信行为人有代理权的，该代理行为有效。"表见代理的特征表现为：

（1）行为人实施无权代理行为，即行为人没有代理权、超越代理权或者代理权终止后仍以被代理人名义订立合同。

（2）相对人依据一定事实，相信或认为行为人具有代理权，在此认识基础上与行为人签订合同。相对人依据的事实包括两个方面：其一是被代理人的行为，如被代理人知道行为人以本人名义订立合同而不作否认表示；其二是相对人有正当的客观理由，如行为人持有单位的业务介绍信、合同专用章或者盖有公章的空白合同书等。

（3）相对人主观上善意、无过失。既然属于一种无权代理，就应由无权代理人自食其果方为允当。然而不容忽视的是，由于被代理人的作为和不作为，制造了代理权存在的表面现象，并且引起了善意相对人的信赖，后者的利益关系到市场交易安全的问题。相对人可以基于表见代理对被代理人主张代理的结果。

因此设立表见代理制度的目的在于保护合同相对人的利益，维护交易安全，依诚实信用原则使怠于履行其注意义务的本人，直接承受没有代理权、超越代理权或者代理权终止后仍为代理行为而签订的合同的责任。

50 土地转让还是土地租赁，区分的依据是什么？

典型事例

赵光胜因与罗冬梅结婚，需去女方定居，遂于 2000 年 11 月将其所有的房屋卖予柏吉荣。双方签订了《房子转卖协议》，约定："石柳乡冷竹村一组赵光胜将其房子四间卖给对方柏吉荣……土地从 2000 年起租给柏吉荣，对方必须每年交清政府的税收。柴山由柏吉荣管理……"双方又于 2002 年 10 月 10 日补签了一份协议，协议主要对房款交付进行了约定，其中最后载明："房前房后的零星树木、柴山全部归柏吉荣所有"。小地名"屋背后"、"水井坡"

的土地至今仍然登记在赵光胜的名下（CQ3919xxx017号农村土地承包经营权证）。小地名"中堡、大堡、陈家堡"的林地现已登记在柏吉荣名下。现赵光胜要求收回土地，柏吉荣拒绝，双方发生纠纷。

法津分析

一审法院认为，合同是当事人之间设立、变更、终止民事关系的协议。依法成立的合同，受法律保护。本案中双方当事人系同一村的承包户，双方就房屋买卖达成合意并履行，双方签订的房子转卖协议合法有效，予以确认。在协议中明确约定："土地从2000年起租给柏吉荣，对方必须每年交清政府的税收"，截至赵光胜户要求收回土地之前，双方已经按照约定履行了自己的义务，关于涉案土地，双方形成租赁关系。协议并未约定土地租赁期限，对于不定期的租赁合同，任何一方均有权随时要求解除合同。赵光胜作为土地使用权的享有者，且柏吉荣在同村另行承包有土地，赵光胜可以要求解除租赁并收回土地，故赵光胜解除租约的请求于法有据，予以支持。土地使用权属于物权，而柏吉荣不予返还，并自行占有使用的行为是一种长期固定的侵害，柏吉荣应当交还土地，不得再行占有使用。对于柏吉荣要求赵光胜赔偿损失的辩称，因协议并未约定相关内容，柏吉荣亦无证据证明赵光胜有不履行合同义务或违约行为造成其损失，故对于柏吉荣认为的损失请求需另案解决，不予评述。小地名"中堡、大堡、陈家堡"的林地现已登记在柏吉荣名下，对此林地的权属已有瑕疵，需另行解决，在本案中亦不予处理。判决：解除赵光胜与柏吉荣的土地租用协议；柏吉荣立即返还赵光胜登记在CQ3919xxx017号农村土地承包经营权证中小地名为"屋背后"、"水井坡"的土地使用权，不得再自行占有使用；驳回赵光胜的其他诉讼请求。

柏吉荣不服一审判决，向法院提起上诉。二审法院认为，二审中争议的焦点是：针对涉案小地名"屋背后"、"水井坡"的承包土地，赵光胜是转让还是租赁给柏吉荣。针对该焦点，评判如下：首先，一方面，《房子转卖协议》约定的是"土地从2000年起租给柏吉荣"，加之涉案土地未过户给柏吉荣至今仍然在赵光胜的承包证上，从协议的约定以及履行情况看，书面约定的是租赁土地而并没有约定为转让土地，或者实际履行情况为转让土地的情况；另一方面，柏吉荣对其主张误认为承包地不能转让才写成租的事实未提供充分证据予以证实，本院不予采信。因此，法院认定赵光胜是将涉案土地租赁给柏吉荣。其次，柏吉荣主张是一种附条件的、长期的租赁，而《房子转卖协议》中并无相关内容的约定，故该主张法院不予采信。《房子转卖协议》并未约定租赁期限，根据《合同法》第232条"当事人对租赁期限没有约定或者约定不明确，依照本法第六十一条的规定仍不能确定的，视为不定期租赁。当事人可以随时解除合同，但出租人解除合同应当在合理期限之前通知出租人"的规定，赵光胜有权依法解除租赁合同并收回土地。

综上，上诉人柏吉荣的上诉理由不成立，二审法院对其上诉请求不予支持。

51 改变土地用途，要看证据是否充分？

典型事例

2004年9月26日，王本玉的妻子邱小爱与新郑市龙湖镇王许村民委员会签订承包合同一份，双方约定：王许村委会将位于本村的南至九组土地路边、北至九组王三保和王文明地边、东至九组麦场边、西至一组王应保地边的原高中耐火厂承包给邱小爱搞养殖使用，每年向村委会交200元使用费。设备：现有旧平房二十四间，没有门和窗户、没有院墙，房屋全部漏雨，归承包人改造使用，从2004年10月1日生效，同意30年不变。合同生效后合同双方均依约履行合同。2012年3月9日，新郑市龙湖镇王许村民委员会通知王本玉夫妇，考虑到王本玉夫妇承租土地离校较近，学校北墙以北40米内，王本玉不得搞养殖使用，此土地在合同期内有权另改它用。2012年10月30日，王本玉（甲方）将自己承包的部分土地转租给郭同义使用，并与郭同义（乙方）签订合同书一份，双方约定：甲方将位于新郑市龙湖镇王许村自己所住院子以南租给乙方使用，租赁期为10年，五年租金共计12万元整，租金每五年递增10%。乙方在生产过程中与邻居发生宅基纠纷由甲方处理。合同期内如拆迁，甲方房屋赔偿归甲方，乙方房屋归乙方。如合同未到期拆迁，余下租金甲方退还。合同签订后，郭同义于2012年10月30日向王本玉交纳租金10 000元，2012年11月1日向王本玉交纳租金40 000元，2012年11月24日向王本玉交纳租金20 000元。王本玉按照合同约定将土地交付给郭同义使用，郭同义也在该宗土地上对王本玉经营使用的房屋进行了改建。后郭同义认为王本玉将集体土地出租给郭同义用于非农业建设，违反了《土地管理法》的相关规定，双方签订的合同应为无效合同，于是诉至一审法院请求确认合同无效；要求王本玉返还郭同义租金70 000元；赔偿郭同义损失50 000元；本案的诉讼费、鉴定费由王本玉承担。

法律分析

一审法院认为：关于涉案土地，王本玉之妻邱小爱与新郑市龙湖镇王许村民委员会签订有承包协议，协议约定新郑市龙湖镇王许村民委员会将该土地承包给邱小爱经营，期限为30年，王本玉依法可以对其家庭承包经营的土地进行经营。依据 2012 年 3 月 9 日发包方新郑市龙湖镇王许村民委员会的通知，对于土地的用途双方已作出变更，王本玉可以用于它用。邱小爱与新郑市龙湖镇王许村民委员会签订有承包协议可以证明，涉案土地原为校办工厂用地，并非耕地。综上，郭同义与王本玉签订的协议是在王本玉对涉案标的物有处分权的情况下，经过双方充分协商签订的，为双方当事人真实意思表示，且不违反相关法律规定，应属有效合同。该合同不符合合同无效的情形，故对郭同义要求确认双方签订合同无效并要求王本玉返还租金和赔偿损失的诉讼请求，一审法院不予支持。依照《民事诉讼法》第 64 条第 1 款之规定，法院判决驳回郭同义对王本玉的诉讼请求，一审案件受理费 2700 元，由郭同义承担。

一审判决宣判后，郭同义不服，上诉于二审法院。郭同义的人上诉理由是：

1. 一审判决认定王本玉对涉案标的物有处分权，认定事实错误。

（1）一审判决认定邱小爱（王本玉的爱人）与村委会签订了承包协议，从而认定王本玉对涉案土地有处分权错误。邱小爱与村委会签订了承包协议并不能代表邱小爱（王本玉）取得了土地使用权。根据《村民委员会组织法》、《土地管理法》等相关法律规定：村民的承包经营方案，村民委员会必须提请村民会议讨论决定；在土地承包经营期限内，对个别承包经营者之间承包的土地进行适当调整的，必须经村民会议 2/3 以上成员或者 2/3 以上村民代表的同意，并报乡（镇）人民政府和县级人民政府农业行政主管部门批准。本案中，虽然邱小爱与村委会签订了承包协议，但该承包协议只有在依照法定程序进行的情况下才有效，邱小爱才能取得土地使用权。一审法院仅依据村委会与邱小爱签订的协议即认定协议有效，认定邱小爱（王本玉）取得了土地使用权实属错误。

（2）一审判决认定村委会已经就土地用途作出了变更，认定王本玉对涉案土地有处分权错误。我国实施土地用途管制，根据《土地管理法》第12条"依法改变土地权属和用途的，应当办理土地变更登记手续"的规定，土地用途的变更应当办理土地变更登记手续。村委会无权就土地用途的变更作出决定，不能仅依据村委会的通知即认定土地用途已变更。故一审法院认定村委会已对土地用途作出变更错误。

（3）一审判决认定涉案土地原为校办工厂用地并非耕地错误。在认定涉案土地原为校办工厂用地问题上，一审法院认定错误。首先，校办工厂是否依照法定程序设立，是否对该宗土地拥有使用权，土地使用权是否已依法审批转换为建设用地均未查实，如果上述条件有任意一条不符合条件，一审法院依据协议即认定涉案土地为原校办工厂用地并非耕地均属错误。其次，即便存在校办工厂，但涉案土地为集体土地，根据《土地管理法》第44条"建设占用土地，涉及农用地转为建设用地的，应当办理农用地转用审批手续"之规定，土地也应办理审批手续，否则，也不能认定校办工厂对土地拥有使用权且土地系建设用地。根据《土地管理法》第11条第2款的规定，依法用于非农业建设的农民集体所有土地由县级人民政府登记造册，核发证书，确认建设用地使用权，故土地性质应以登记为准。本案涉案土地为集体土地，王本玉未提交证据证明该土地为建设用地。一审法院未对校办工厂及校办工厂用地性质进行查实的情况下，仅依据村委会与邱小爱的协议即认定土地性质存在错误。

（4）本案涉案土地系集体土地，王本玉将土地转租给集体组织成员以外的郭同义且是用来建淀粉厂，用于非农业建设违反了《土地管理法》第63条"农民集体所有的土地的使用权不得出让、转让或出租用于非农业建设；但是，符合土地利用总体规划并依法取得建设用地的企业，因破产、兼并等情形采取土地使用权依法转移的除外"之规定，王本玉与郭同义间的土地租赁系农民集体所有的土地使用权出租用于非农业建设且不具备第 63 条规定的除外情形，故二者间签订的协议应为无效，一审法院判决错误。

2. 一审判决适用法律错误。《土地管理法》第 63 条中所讲农民集体所有的土地的使用权并非仅指耕地，而一审法院仅在认定涉案土地为非耕地的情况下即认为郭同义与王本玉所签协议并未违反法律规定，认定合同有效存在错误。农民集体所有的土地的使用权包括但不限于耕地，一审法院以偏概全，对法律规定作缩小解释，对法律理解错误，适用法律错误。

3. 郭同义与王本玉之间签订的协议因违反法律强制性规定而归于无效，根据《合同法》之相关规定，王本玉应返还其财产并赔偿损失。

综上所述，郭同义与王本玉签订的承租农村集体土地的合同无效，一审判决错误，为维护郭同义的合法权益，提起上诉，希望二审法院判如所请。

二审法院认为，当事人对自己的主张，应提交证据予以证明。本案中，王本玉称其从村委会租来土地及地上建筑物，其有权出租并与郭同义签订了出租该土地的协议。签订协议是其真实意思表示。郭同义虽称涉案土地王本玉无权出租，王本玉提供的土地性质是耕地，却未能提供证据予以证明。故郭同义称合同目的不能实现应确认合同无效、返还租金并赔偿损失的上诉主张不成立，本院不予支持。故一审法院判令驳回其一审诉讼请求并无不妥，依照《中华人民共和国民事诉讼法》第 170 条第 1 款第 1 项之规定，判决如下：驳回上诉，维持原判。

52 土地流转纠纷案件，检察院是否能够抗诉？

典型事例

2007年1月1日，兑发亮、张勇签订租地合同一份，双方约定由张勇承包兑发亮位于新郑市龙湖镇王许村八组西南的土地2.48亩，每年每亩租金600元，承包期限为30年，从2007年1月1日起至2037年1月1日止，每年春节前十天一次性付清全年租金。因土地更换户主，合同继续有效，如土地增值，5年后随当前市场价调整。因政策变动，国家征用土地，兑发亮、张勇双方不承担责任。合同签订后，双方自觉遵守，任何一方不得单方撕毁合同，否则承担一切经济损失。协议签订后双方都如约履行，后兑发亮认为张勇未经兑发亮同意和相关部门批准，擅自改变土地用途，违反了《土地管理法》的相关规定，于是诉至法院请求解除兑发亮、张勇双方签订的租地合同。

法律分析

一审法院认为，兑发亮与张勇于2007年1月1日签订租地合同一份，约定兑发亮将其承包的2.48亩土地租给张勇使用，张勇将该土地用于非农业建设，在该土地上开办了食品厂，改变了土地用途，违反了《土地管理法》的相关规定。《土地管理法》第63条和第81条规定农民集体所有的土地的使用权不得出让、转让或者用于非农业建设，如果擅自将农村集体所有的土地的使用权出让、转让或者出租用于非农业建设的，由县级以上人民政府土地行政主管部门责令限期改正，没收违法所得，并处罚款。故本案应提请人民政府土地主管部门对张勇违法用地行为予以处罚，应裁定驳回兑发亮的起诉。故依据《土地管理法》第63条、第

81 条及《民事诉讼法》第 108 条、第 140 条第 3 项之规定,并经审判委员会讨论决定,裁定如下:驳回兑发亮的起诉。

郑州市人民检察院认为一审裁定适用法律确有错误。具体抗诉理由如下:

1. 本案所适用《中华人民共和国土地管理法》第 63 条、第 81 条的内容是用来调整土地经营权出租合同关系中出租方行为的,具体到本案即为调整兑发亮的行为,兑发亮与张勇签订合同时,并未约定将土地出租用于非农建设,同时也没有证据证明兑发亮知道张勇签订合同后将用于非农建设,不符合该法第 81 条规定的违法行为,兑发亮不应承担相应的法律责任。另《农村土地承包法》第 32 条规定:"通过家庭承包取得的土地承包经营权可以依法采取转包、出租、互换、转让或者其他方式流转"。第 37 条第 1 款规定:"土地承包经营权采取转包、出租、互换、转让或者其他方式流转,当事人双方应当签订书面合同。"2007 年 1 月 1 日,兑发亮与张勇签订的租地合同,完全符合法律规定,当属有效合同。《农村土地承包法》56 条规定:"当事人一方不履行合同义务或者履行义务不符合约定的,应当依照《中华人民共和国合同法》的规定承担违约责任。"本案中,张勇一方不按照合同约定的方式履行合同引起的纠纷属于人民法院受理民事诉讼的范围,故新郑市人民法院裁定驳回兑发亮的起诉适用法律显然错误。

2. 张勇现系新郑市得劲炒货厂业主,其不是新郑市龙湖镇王许村村民。2005 年 9 月 25 日,张勇因设立新郑市得劲炒货厂即以郑州二七得劲炒货厂的名义与新郑市龙湖镇王许村民委员会签订招商协议,协议约定:王许村民委员会将本村西头一块荒地租给炒货厂,其中张勇 4.2 亩,以实际占用为准,使用时间自签订合同之日起 30 年,每亩每年租金 600 元。2006 年 5 月 14 日,兑发亮收到张勇果树补偿款 6200 元;同年 5 月 16 日兑发亮收到张勇交付

2006年租金1488元，一次性青苗费744元。

3. 2007年1月1日，兑发亮与张勇分别作为甲乙两方签订租地合同一份，合同约定：经本村第八村民组及全体村民协商，本组西南的土地2.48亩租给乙方使用，每年每亩租金600元，承包期限为30年，从2007年1月1日起至2037年1月1日止，每年春节前十天一次性付清全年租金。因土地更换户主，合同继续有效，如土地增值，5年后随当前市场价调整。因政策变动，国家征用土地，兑发亮、张勇双方不承担责任。合同签订后，双方自觉遵守，任何一方不得单方撕毁合同，否则承担一切经济损失。同年2月11日，兑发亮收张勇2007年租金1488元，并出具了收条，内容为：今收到郑州二七得劲炒货厂租金1488元（2.48亩）。张勇租赁兑发亮土地的同时，也租赁了新郑市龙湖镇王许村第八村民组其他村民的土地。合同签订后双方如约履行，后兑发亮认为张勇未经其同意和相关部门批准，擅自改变土地用途，违反了《土地管理法》的相关规定，请求解除双方的租地合同，同时要求限期将其出租土地恢复原状并予以返还。

4. 在本案审理过程中，兑发亮陈述其出租给张勇的2.48亩土地未办理土地承包经营权证，也未与村集体经济组织签订农村土地承包合同，其对争议土地的坐落四至的表述为东邻赵付军、西邻兑新亮、北邻乡间土路、南邻环乡公路，并提供了证人兑遂群的证言，张勇对兑发亮的陈述及证人的证言均有异议，因兑发亮未提供兑遂群的有效身份证件，兑遂群亦未出庭接受质询，二审法院对兑遂群的证言不予采信。经二审法院现场勘验，因双方争议土地多位于张勇的炒货厂院内，界于张勇租用的其他村民的土地间，其坐落四至无明显标志，故无法确认双方争议土地的坐落四至。

针对抗诉机关的抗诉理由，二审法院认为：一审裁定适用的是《土地管理法》第63条、第81条的规定。其中第63条规定：

"农民集体所有的土地的使用权不得出让、转让或者出租用于非农业建设；但是，符合土地利用总体规划并依法取得建设用地的企业，因破产、兼并等情形致使土地使用权发生转移的除外"。第81条规定："擅自将农民集体所有的土地的使用权出让、转让或者出租用于非农业建设的，由县级以上人民政府土地行政主管部门责令限期改正，没收违法所得，并处罚款"。简言之，第63条是针对农民集体所有土地使用权以出让、转让或者出租方式用于非农业建设的禁止性规定及其例外情形的规定；第81条则是对违反禁止性规定应负法律责任的规定，抗诉书认为一审裁定适用以上法条错误。结合本案，一审在未对兑发亮与张勇间的纠纷是否属民法调整范围及所签租地合同的效力进行裁判的情况下，适用以上法条确有不当。

综上所述，二审法院认为，兑发亮与张勇基于土地流转签订的租地合同属于人民法院受理民事诉讼的范围，一审裁定驳回起诉错误，应予纠正。根据《农村土地承包法》的相关规定，土地承包经营权流转应当遵循不得改变土地所有权性质和土地的农业用途的原则，本案中尽管兑发亮与张勇签订的租地合同未约定土地用途，兑发亮亦诉称其不知张勇将承租土地用于非农建设，但从相关证据可以印证双方对改变土地的农业用途是明知的，故该租地合同因违反法律强制性规定应认定无效。根据《合同法》的规定，无效的合同自始没有法律约束力，不存在合同解除情形，兑发亮要求解除合同的请求二审法院不予支持。根据《合同法》的规定，合同无效或者被撤销后，因该合同取得的财产，应当予以返还，张勇应返还租用兑发亮的2.48亩土地，但因兑发亮未有证据证明该宗土地准确的坐落四至，兑发亮提出的返还土地并恢复原状的请求，二审法院无法支持。

53 外嫁女之子能否获得土地补偿款?

典型事例

　　原告罗晓亮之母蒋某系生长在被告永兴村三组的村民。2010年12月15日,蒋某与广安市代市镇跃进村二组村民罗某登记结婚,2011年4月10日生育一子即本案原告罗晓亮。蒋某的户籍仍保留在被告永兴村三组,原告罗晓亮的户籍也登记在被告永兴村三组。代市镇跃进村村民委员会及第二村民小组证实,蒋某在代市镇跃进村二组未分得承包地。2013年8月,因政府租用被告永兴村三组的部分集体土地,被告永兴村三组获得土地产值与青苗、树竹款。2013年9月19日,被告永兴村三组召开村民会议形成分配方案,其中规定户籍登记在本组的外嫁女所生子女不享受土地款、青苗款分配,但享受国家安置费。同年10月,被告永兴村三组将此次获得的土地产值与青苗、树竹款,按村民人均278.3元进行了分配,但未分配给原告罗晓亮。原告罗晓亮遂起诉至法院,要求判决被告永兴村三组支付其应分配的土地款项200元。

法律分析

　　法院认为:原告罗晓亮之母蒋某系被告永兴村三组村民,蒋某与罗某结婚所生子即原告罗晓亮,有自主选择在父或母任意一方户籍所在地落户的公民权利。现原告罗晓亮户籍登记在其母蒋某所在的被告永兴村三组,即成为被告永兴村三组的村民,具有了被告永兴村三组的集体经济组织成员资格。依据《物权法》第59条第1款"农民集体所有的动产和不动产,属于本集体成员集体所有"的规定,原告罗晓亮对本集体的财产享有集体所有、集体管理、集体分享的权利,原告罗晓亮对被告永兴村三组于2013

年 8 月因集体土地流转获得的土地产值与青苗、树竹款等经济收益，享有与其他村民同等的分配权利。依据《物权法》第 63 条第 2 款"集体经济组织、村民委员会或者其负责人的决定侵害集体成员合法权益的，受侵害的集体成员可以请求人民法院予以撤销"的规定，对集体财产作出的决定，如果该集体经济组织成员认为该决定侵害其合法权益，该成员有权就该决议向法院提起诉讼，要求撤销或者予以调整。被告永兴村三组辩称原告罗晓亮登记户口时其法定代理人蒋某口头承诺原告落户在被告处，不享受被告的集体经济组织收益分配的权利，未提供证据证明。被告永兴村三组应当分配给原告罗晓亮此次获得的土地产值与青苗、树竹款 278.3 元，因原告罗晓亮诉讼请求仅要求被告支付 200 元，是对其民事权利的处分，法院予以准许。据此，法院依照《物权法》第 59 条第 1 款、第 63 条第 2 款的规定，判决如下：被告广安市前锋区新桥乡永兴村第三村民小组向原告罗晓亮支付土地产值与青苗、树竹款 200 元。

54 土地流转纠纷案件可以申请再审吗？

典型事例

王小顺与王大顺系父子关系。王小顺系王家村第三村民小组村民，王小顺系户主，自土地承包到户以来，一直在该村承包有田、土、山林，1999 年土地第二轮延包时，王小顺继续和王家村委会签订了土地承包合同，其中合同约定，该户承包的耕地共 13.5 亩，非耕地 4 亩。耕地承包期限从 2001 年 1 月 1 日至 2044 年 12 月 31 日。非耕地承包期限从 1984 年 1 月 1 日至 2054 年 12 月 31 日。2002 年 3 月 5 日（农历正月二十二日），王大顺收取王广义 4000 元买卖房屋定金，2003 年 1 月 3 日，与王广义签订契约，甲方王大顺与乙方王广义在契约中约定："经甲乙两方磋商，甲方同意以 25000 元的价格将本人所住房屋 3 间及圈栏三间出售给乙方，由乙方一次性付清后交付使用。房屋坐落：房屋坐北向南，东以甲方的土为界，西以路为界，南以路为界，北以甲方的土为界。该房由甲方出售后，同意将本人的田、土、山林（除枫香林外，属甲方永久性使用，同时乙方要求甲方该林地永不出售和不许送给他人），其余全部转包给乙方，有延包证为据，属乙方使用。"契约上有王大顺、王广义的签名捺印，另有见证人罗某文、侯某龙的签名捺印及王家村委会的印章。契约签订之时，王小顺在外打工。在此之前，王家村委会于 2002 年 2 月 15 日已将王小顺家庭承包的所有土地、山林发包给了王广义。

法津分析

2006 年，王小顺及其家人以自然资源使用权纠纷为由，向沿河县人民法院提起诉讼，该院以案件不属于土地、山林侵权纠纷，而是使用权纠纷，不属于人民法院受理民事诉讼的范围为由，以（2006）沿民初字第 51 号民事裁定书裁定驳回了原告的诉讼请求。2007 年 4 月 30 日，王小顺再次向该院提起诉讼，请求：确认王家镇王家村村委会与王广义签订的土地承包合同无效，同时返还原告承包经营户的全部承包地；由王家镇王家村村委会与王广义赔偿王小顺经济损失 25000 元。经法院主持调解达成一致意见，该院作出了（2007）沿民初字第 161 号民事调解书，各方当事人在调解书中约定：①王家村村民委员会将王小顺为户主的承包地收回发包给王广义的发包行为无效，由王广义将争议地退还给王小顺，争议地现由侯某周耕种，由侯某周和王广义共同退回；②由王家村村民委员会负责做王广义的土地退回工作；③原告自愿放弃要求赔偿 25000 元的诉讼请求；④侯某周耕种的土地在本季庄稼收割完后退回。

2007 年 6 月 4 日，王广义则以王大顺为被告诉至该院，请求依法确认原、被告之间于 2003 年 1 月 3 日签订的契约无效并判令被告王大顺返还转让费 25000 元，赔偿损失 13000 元。该院作出（2007）沿民初字第 195 号民事判决：①被告王大顺返还原告王广义人民币 25000 元；②驳回原告王广义的其他诉讼请求。王广义不服，提起上诉，原铜仁地区中级人民法院作出（2007）铜中民终字第 419 号民事判决书，判决驳回上诉，维持原判。后王广义对（2007）沿民初字第 161 号民事调解书不服，认为该调解书未经本人签收，且参与调解的委托代理人未经其特别授权，在未征得其同意的情况下和对方达成调解协议，调解书应为无效，向法院申请再审。再审法院裁定指令原审法院按一审程序再审本案。一审法院另行组成合议庭，对本案进行审理后，作出了（2012）沿民再字第 1 号判决，判决：①撤销沿河土家族自治县人民法院（2007）沿民初字第 161 号民事调解书；②原审被告沿河土家族自治县王家镇王家村村民委员会与原审被告王广义于 2002 年 2 月 15 日签订的土地承包合同无效；③由原审被告王广义返还原审原告王小顺原承包的全部土地、山林；④驳回原审原告王小顺的其他诉讼请求。王广义不服该判决，向法院上诉，请求撤销一审判决，依法改判。

再审法院认为，一审法院认定王大顺与王广义签订房屋买卖及土地转包协议的时间为 2003 年 6 月 3 日有误，根据一审法院庭审笔录记载及"契约"上的字样，均表明契约签订的日期为 2003 年元月 3 日。王大顺（甲方）与王广义（乙方）在契约中约定："同意将本人的田、土、山林（山林除枫香林除外，属甲方永久性使用，同时乙方要求甲方该林地永不出售和不许送给他人），其余全部转包给乙方，有延包证为据，属乙方使用。"其中，协议明确约定其土地、山林系"转包"给王广义，并非转让。土地、山林转包系土地合法流转，村集体经济组织同意即可。该契约中无王小顺自愿将土地、山林退回村集体另行转让给王广义的意思表示。

《民法通则》第80条第2款规定："公民、集体依法对集体所有的或者国家所有由集体使用的土地的承包经营权，受法律保护。承包双方的权利和义务，依照法律由承包合同规定。"按照王小顺与王家村委会签订的土地承包合同约定，王小顺家庭承包的土地尚处于承包期内，王小顺有继续耕种管理该承包土地的权利，王家村委会无权将土地收回另行发包。王家村委会于2002年2月15日将王小顺承包的土地、山林另行发包给王广义，违反法律规定，损害了王小顺的土地承包经营权。因此，一审法院认定王家村委会与王广义签订的土地承包合同无效，所作出的判决是正确的，再审法院予以维持；上诉人王广义所提出的上诉理由不能成立，其上诉请求再审法院不予支持。

55 土地补偿款与土地流转费，可以同时领取吗？

典型事例

1998年承包田进行调整时，张玲宝女婿张文明做村书记，因当时张玲宝年纪大，没有分给其承包田。2005年又进行了调整，给张玲宝6分4厘8的口粮田（也就是自留地）。2005年以后土地由各村民小组流转承包给他人种植，承包费也由村民小组分发各农户。2008年，电信部门为建造电信塔，租用了张玲宝名下的部分口粮田，还有部分村里建造了垃圾中转站，张玲宝名下的口粮田已全部租出去了，电信部门开始每年给张玲宝租赁费800元，现已每年给 1500 元，钱款都是由张玲宝长子张鸿喜领取后给张玲宝的。2008 年后其实与村民小组租出去的承包流转费无关了。贝育明并向一审法院提供了 2008 年 6 月 19 日张玲宝长子代张玲宝与太仓市城厢镇永丰村村民委员会签订的土地承包经营权流转协议书，该协议书载明：甲方（流入方）太仓市城厢镇永丰村村民委员会，乙方（流出方）张玲宝，流转土地位于永丰村 22 组，面积总计0.5 亩；流转期限：流转时间共计 15 年，即自 2008 年 5 月 1 日起至 2023 年 4 月 30 日止；流转土地的用途：中国移动太仓分公司；经济补偿：①固定补偿，在流转期内，甲方支付乙方土地流转费每年 600 元；②浮动补偿：每年 600 元，共计每年补偿 1200 元，每年 4 月 30 日前给付。同日，一审法院对张鸿喜进行了调查，张鸿喜确认该协议系其与村里签订的，土地流转费也是其领取后给付张玲宝。

张玲宝的诉讼请求是：①蔡彩珍给付一审原告 2009 年度及2010 年度土地补偿款 768 元；②蔡彩珍给付土地补偿款差额 256元；③蔡彩珍给付逾期付款利息；④蔡彩珍给付一审原告为诉讼支出的误工费 600 元；⑤蔡彩珍承担本案诉讼费。

法律分析

债是按照合同的约定或者依照法律的规定，在当事人之间产生的特定的权利和义务关系。根据一审法院对贝育明、张文明的调查笔录及张玲宝与太仓市城厢镇永丰村村民委员会签订的土地承包经营权流转协议书，可以确认的事实是 2008 年以后，张玲宝名下的 0.64 亩口粮田并非以村民小组的名义将该土地承包经营权流转给他人经营，而是将该口粮田的经营权流转给太仓市城厢镇永丰村村民委员会，用于电信部门建造电信塔，电信部门每年支付的土地流转费张玲宝均已领取，故 2008 年以后，张玲宝所在的村民小组不发给其土地流转费是理所当然的，也符合本案事实。现张玲宝虽持有蔡彩珍出具的欠条并主张权利，但张玲宝、蔡彩珍间并不存在任何债权债务关系，故张玲宝的诉讼请求缺乏事实和法律依据，一审法院不予支持。一审法院判决：驳回张玲宝的全部诉讼请求。判决后，张玲宝不服，提出上诉。

二审争议焦点是张玲宝和蔡彩珍之间是否存在真实的债权债务关系。法院认为，根据一审法院向贝育明、张文明、张鸿喜所做的调查笔录以及张玲宝与太仓市城厢镇永丰村村民委员会签订的土地承包经营权流转协议书，可以认定 2008 年后张玲宝名下的 0.64 亩口粮田承包经营权已经流转给太仓市城厢镇永丰村村民委员会，用于电信部门建造电信塔，电信部门每年支付土地流转费给张玲宝。因此，蔡彩珍并不欠张玲宝口粮田土地流转费，张玲宝依据没有真实债权债务关系的欠条向蔡彩珍主张权利，缺乏事实和法律依据，一审法院未予支持，并无不当。一审判决认定事实清楚，适用法律正确，维持原判。

第二篇

不动产登记

1 不动产是什么？

李广利、李潇潇为父子关系，李广利有一处房产，登记在李广利的名下。李潇潇离婚后要求搬入该所与李广利同住，李广利不允，李潇潇遂撬锁入住。不久李广利经一房屋中介机构将该房产卖与孙晓峰，并于买卖成交当日到房产部门办理了房屋变更登记手续，将房屋过户到孙晓峰的名下。李潇潇以当初购房曾出资，房屋实为其与李广利共有，李广利无权单独处分为由拒绝为孙晓峰腾房。孙晓峰一纸诉状将李潇潇诉至法院，要求李潇潇腾退房屋。

不动产是指土地和土地上的定着物，包括各种建筑物，如房屋、桥梁、电视塔，地下排水设施等等；生长在土地上的各类植物，如树木、农作物、花草等。需要说明的是，植物的果实尚未采摘、收割之前，树木尚未砍伐之前，都是地上的定着物，属于不动产，一旦采摘、收割、砍伐下来，脱离了土地，则属于动产（动产是指不动产以外的财产，如机器设备、车辆、动物、各种生活日用品等等）。

1. 不动产作为自然物的特性。

（1）不可移动性：又称位置固定性，即地理位置固定。

（2）个别性：也称独特性、异质性、独一无二，包括位置差异、利用程度差异、权利差异。

（3）耐久性：又称寿命长久，土地不因使用或放置而损耗、毁灭，且增值。我国土地有使用年限。

（4）数量有限性：又称供给有限，土地总量固定有限，经济供给有弹性。

2.社会经济特性：体现人们之间的社会关系和经济关系的特性。

（1）价值量大：与一般物品相比，不动产不仅单价高，而且总价大。

（2）用途多样性：也称用途的竞争、转化及并存的可能性，主要指空地所具有的特性。从经济角度看，土地利用的优先顺序：商业、办公、居住、工业、耕地、牧场、放牧地、森林、不毛荒地。

（3）涉及广泛性：又称相互影响，不动产涉及社会多方面，容易对外界产生影响。

（4）权益受限性：由涉及广泛性引起。政府主要通过设置管制权、征收权、征税权和充公权四种特权进行管理。

（5）难以变现性：也称为变现力弱、流动性差，主要由价值高、不可移动、易受限制性等造成。影响变现的因素主要有不动产的通用性、独立使用性、价值量、可分割性、开发程度、区位市场状况等。

（6）保值增值性：增值指不动产由于面积不能增加、交通等基础设施不断完善、人口增加等，其价值随着时间推移而增加。保值是指不动产能抵御通货膨胀。

2 不动产登记有什么意义?

典型事例

甲误将自己的一处房产登记为其友乙所有,至出卖其房产于丙时方才发现。因房产证上的所有人为乙,房管部门不准予过户登记给丙。为顺利过户登记,甲、乙、丙三方协商,由丙分别与甲、乙签订两份同样内容的房屋买卖合同,同时乙承诺放弃对丙的价款请求权。后因乙经商不善,乙的债权人丁通过诉讼取得执行依据后,请求法院强制执行乙的财产未能清偿,遂以乙放弃对丙的到期债权为由向法院提起撤销权诉讼,要求法院撤销乙放弃对丙债权的行为。

法津分析

本案中,不动产登记的绝对效力是针对善意第三人而言的,而债权人丁不属于善意第三人。在不涉及善意第三人的实际权利人与表征权利人时,登记的效力是可以经实际权利人的举证予以否认的。因此,本案中不动产登记的效力不具有绝对性。应该从事实出发,通过甲的举证证实其才是房屋真正的所有权人,乙对房屋不享有任何权利,则乙放弃所谓的债权就不应为其真正享有的债权,也就谈不上是否对债权人丁造成损害的问题,进而丁的撤销权行使之诉应予以驳回。

建立和实施不动产统一登记制度,有以下三方面意义:第一,有利于保护不动产权利人合法财产权。市场经济本质就是产权经济,不动产统一登记制度就是不动产物权的确认和保护制度,明晰不动产物权是市场经济的前提和基础。通过不动产统一登记,进一步提高登记质量，避免产权的交叉或冲突，保证各类不动产物权的归属和内容得到最为全面、统一、准确的明晰和确认，以不动产登记较强的公示力和公信力为基础，有效保护权利人合法的不动产财产权。第二，有利于保障不动产交易安全。通过不动产统一登记，促进不动产登记信息更加完备、准确、可靠，根据准确有效的信息来进行不动产交易，保障交易安全，为建立健全社会征信体系创造条件。第三，有利于提高政府治理效率和水平，更加便民利民。通过不动产统一登记，最大限度整合资源，减少政府行政成本，进一步厘清政府与市场关系，完善政府运行机制，发挥市场的积极作用。通过整合登记职能，减少办证环节，采取"一站式"服务等措施，节省登记费用，更好地方便企业、群众申请和办理不动产登记。

另外，我国目前现有的个人税收主要是收入性税收，财产性税收的来源较少。未来要进行税收调节的话，参照发达国家和地区经验，是需要有财产性税收的，而财产性税收中最主要的就是房地产税和遗产税。《不动产登记暂行条例》的出台将首先在制度上保障不动产登记工作有法可依，为摸清不动产家底做好制度保障，为未来房地产税、遗产税等的研讨、课征提供重要的基础性保障。从政府的财政收入结构来说，我国未来一段时间将逐步扭转地方政府主要依赖"土地财政"的模式。随着土地资源的日渐紧缺，"土地财政"这一模式在绑架地方财政的同时，事实上也已经难以持续。在这样的情况下，依靠长效型的税收稳定财政收入是必然之举，因此，以持有型财产为标的的、特别是以房产等不动产为标的的税收将推出。此类税收的推出一定是以不动产登记为前提的。

在农村，原来的分散登记，当事人仅就其财产就要到四个不同的部门办理不同的证件：住房要到建设部门办理《房屋所有权证》，宅基地要到国土资源部门办理《集体土地使用证》，承包的土地要到农业部门办理《农村土地承包经营权证》，栽种的树木要到林业部门办理《林权证》。在城市，当事人就房产最少要办理两个证：到建设部门办理《房屋所有权证》，到国土资源部门办理《国有土地使用证》。各种证书满天飞，不仅增加了人民群众办证的不便，而且增加了登记的时间、资金成本。统一登记逐步实现一个窗口对外，免去了当事人在各个部门之间的奔走。建立基础信息平台，各有关部门之间实现资源共享，简化了登记程序，避免了重复提交登记材料，减少了群众负担，为当事人登记切实节省了经济成本和时间成本。

3 哪些权利可以进行不动产登记？

典型事例

1988 年，原村民张某与丈夫李某自建楼房 2 间、平房 1 间，在 1993 年土地初始登记时，领取了集体土地建设使用证。后因李某调动工作，来到某市工作，考虑夫妻分居生活不方便，张某也随李某来到该市定居。1995 年，张某的户口从农村迁入该市区转为非农户口。1996 年该市农村房屋产权普查登记时，张某因不知晓未登记。现张某已年老，欲回家乡原房屋内居住，于是在 2009 年 3 月提供建设工程许可证、集体土地建设使用证向房屋产权机关申请登记。

法律分析

《不动产登记暂行条例》第 5 条规定："下列不动产权利，依照本条例的规定办理登记：（一）集体土地所有权；（二）房屋等建筑物、构筑物所有权；（三）森林、林木所有权；（四）耕地、林地、草地等土地承包经营权；（五）建设用地使用权；（六）宅基地使用权；（七）海域使用权；（八）地役权；（九）抵押权；
（十）法律规定需要登记的其他不动产权利。"

从以上条文我们可以总结出，不动产所有权包括三类：一是
自然资源的国家所有权，如土地的国家所有权、海域的国家所有
权、水流的国家所有权、矿藏的国家所有权；二是自然资源的集
体所有权，如集体土地所有权；法律规定属于集体的森林、山岭、
草原、荒地、滩涂等自然资源上的集体所有权，如自留山所有权；
三是建筑物与其他土地附着物的所有权。

《物权法》第9条第2款规定："依法属于国家所有的自然资
源，所有权可以不登记。"《物权法》规定属于国家所有的财产属
于国家所有即全民所有。现行相关法律规定，矿藏、水流、海域
属于国家所有；城市的土地属于国家所有。法律规定属于国家所
有的农村和城市郊区的土地属于国家所有。森林、山岭、草原、
荒地、滩涂等自然资源属于国家所有。

另外，建设用地使用权上的抵押权；建筑物和其他土地附着
物上的抵押权；以招标、拍卖、公开协商等方式取得的荒地等土
地承包经营权上设立的抵押权；因乡镇、村企业的厂房等建筑物
被抵押时而在该建筑物占用范围内的建筑用地使用权上成立的抵
押权；建设用地使用权、宅基地使用权以及土地承包经营权上设
立的地役权等。上述这些权利都是可以进行不动产登记的。

4 不动产登记簿是什么？

不动产登记簿是指由国家不动产登记机关制作的、用于记载
不动产自然状态及权利设立和变动事项的专用簿册。不动产登记
簿是不动产登记的重要载体。不动产登记应当使用统一的不动产

登记簿和权属证书或者证明。不动产登记簿可以是电子的载体，也可以是纸质的载体。

不动产登记簿的主要功能是：①就权利人而言，不动产登记簿是有效的表明权利人就不动产所享有的权利的源证明文件，能够清晰地展现不动产上的权利变动状况，因此具有无可争辩的权威性；②就第三人而言，不动产登记簿具有公信力；③就国家来说，不动产登记簿便于国家对有关不动产的监督与管理，更便于人民法院在发生损害赔偿纠纷时确定责任的归属。

不动产登记簿应当记载以下事项：①不动产的坐落、界址、空间界限、面积、用途等自然状况；②不动产权利的主体、类型、内容、来源、期限、权利变化等权属状况；③涉及不动产权利限制、提示的事项；④其他相关事项。

5　不动产登记应当遵照哪些程序？

不动产登记的一般程序需经过六个步骤：①提出申请（申报，并包括其他登记方式）；②受理申请（收件）并计征规费；③审查；④公告；⑤核准登记，登簿并颁发不动产权属证书；⑥立卷归档。其中的公告并不是必经的程序，仅仅适用于特定的登记类型。

《不动产登记暂行条例》规定的不动产登记程序在相当程度上突出了便民特点：

1. 在申请方式方面，条例明确了共同申请和单方申请的情形，这有助于当事人有的放矢地做好申请前的准备工作。

因买卖、抵押等交易行为导致不动产物权变动的情形相当常见，它们需当事人双方共同参与，如合同需要双方协商订立。这

161

些物权变动往往需要登记，《物权法》第 14 条、第 139 条、第 187 条等均有明确规定，与此衔接，《不动产登记暂行条例》第 14 条第 1 款规定："因买卖、设定抵押权等申请不动产登记的，应当由当事人双方共同申请登记。"据此，交易双方可事先协商好申请时间，并协力准备相关材料，以便于登记的顺利进展。

至于不是因上述交易行为导致的不动产物权变动或其他登记事项，《不动产登记暂行条例》第 14 条第 2 款明确为单方申请登记，它们大致适用于以下情形：

（1）没有相对人的情形，如在宅基地上建造房屋首次申请登记、继承房屋所有权、权利人姓名或名称发生变化、不动产灭失、权利人放弃权利等，对此，当事人只要准备好相关证明材料即可。

（2）人民法院、仲裁委员会的生效法律文书或人民政府生效的决定等导致不动产物权变动的情形，这种情形多涉及双方当事人，但根据《物权法》第 28 条，只要法律文书或决定生效，物权就变动，为便宜起见，权利人持这些文书单方申请登记即可。否则，在相关方不协助申请时，权利人就只能依法申请法院强制执行，法院再要求登记机构协助执行，这就会增加不少时间、人力和财力成本，不能及时保护权利人。

（3）申请更正登记或异议登记的情形。更正登记是更改登记簿的错误记载，使其恢复正确的登记，异议登记是把登记簿记载可能错误的信息记载于登记簿的登记，它们都旨在消除登记错误，保护真实权利。一旦登记错误涉及他人正当权利，登记簿记载的权利人和利害关系人就成为利益关联方，为了减少不必要的协商成本，也为了高效便捷地保护正当权利人，条例允许单方申请登记。否则，在利害关系人认为登记错误时，要求其应与登记簿记载的权利人共同申请更正登记或异议登记，只要对方态度消极而不配合，或因客观情况而不能配合，更正登记或异议登记将无法及时完成，就难以达到及时保护正当权利人的目的。在申请更正登记或异议登记时，当事人需准备登记错误的证明材料。

2. 在提出申请方面，《不动产登记暂行条例》采取多种切合实际的便民措施，为当事人便捷而高效地提出申请奠定了良好基础。

（1）根据《不动产登记暂行条例》第7条第1款，当事人应向不动产所在地的县级人民政府登记机构提出登记申请，这无疑便于当事人就近申请，能节省办事成本，对于大中城市的郊区、农村地区的当事人尤为便利。对于跨县级行政区域的不动产登记，《不动产登记暂行条例》第7条第2款规定由所跨区域的登记机构分别办理，不能分别办理的，由这些登记机构协商办理，协商不成的，由共同的上一级人民政府不动产登记主管部门指定办理。

（2）根据《不动产登记暂行条例》第15条第1款，当事人既可自行到登记机构办公场所提出登记申请，也可由代理人代为申请。代理人既包括未成年人的父母等法定代理人，也包括当事人委托的代理人。

（3）当事人申请登记除了必须提交申请书，还要提交相关材料，《不动产登记暂行条例》第16条第1款对此给出了明确提示，可便于申请人事先做好准备工作，它们主要涉及：①身份信息，包括申请人、代理人的身份证明材料；如为委托代理的，还包括授权委托书；②不动产权属信息，包括不动产权属来源证明材料、不动产权属证书；③登记原因证明文件，包括买卖合同、遗嘱等；④不动产自然状况信息，包括不动产界址、空间界限、面积等材料；⑤与他人利害关系的说明材料等。可以看出，这些材料或由权利人持有，或与申请人密切相关，申请人通常不难获得这些材料，再加上条例也未限制它们的形式，从而不会给当事人增加额外的费用和成本。

3. 在受理申请方面，《不动产登记暂行条例》详细规定了登记机构的工作规范，它们围绕方便申请人而展开，体现了登记便民的原则。

《不动产登记暂行条例》第 17 条第 1 款详细规定了登记机构受理申请的工作规范，主要包括：

（1）申请事项属于登记职责范围，申请材料齐全且符合法定形式的，应当受理以进入后续的审查阶段，并将受理情况书面告知申请人，以证明登记机构受理了申请，接收了相应的申请材料。

（2）申请材料存在可以当场更正的错误的，如申请书有错别字，应当告知申请人当场更正，申请人当场更正后，应当受理并书面告知申请人。

（3）申请材料不齐全或者不符合法定形式的，应当当场书面告知申请人不予受理并一次性告知需要补正的全部内容。

（4）申请登记的不动产不属于本机构登记范围的，应当当场书面告知申请人不予受理并告知申请人向有登记权的机构申请。一旦登记机构未按照这些规范从事行为，如未当场书面告知申请人不予受理，根据《不动产登记暂行条例》第 17 条第 2 款，结果视为受理。

6　土地承包经营权如何进行首次登记？

按照《不动产登记暂行条例》中关于农村土地承包经营权首次登记的规定以及我国《农村土地承包法》的相关规定，土地承包经营权的登记可以分以下三点：

1. 依法以承包方式在耕地、林地、草地、水域、滩涂以及荒山、荒沟、荒滩等土地上从事种植业或者养殖业生产活动的，权利人可以持土地承包经营合同申请土地承包经营权的首次登记。

2. 以家庭承包方式取得土地承包经营权的，应当提供属于本集体经济组织的证明材料。《农村土地承包法》第 15 条规定："家庭承包的承包方是本集体经济组织的农户。"

3. 本集体经济组织以外的单位或者个人通过招标、拍卖、公开协商等其他方式承包的，还应当提交该集体经济组织村民会议三分之二以上成员或者三分之二以上村民代表的书面同意文件以及乡（镇）人民政府的批准文件。《农村土地承包法》第 3 条规定："国家实行农村土地承包经营制度。农村土地承包采取农村集体经济组织内部的家庭承包方式，不宜采取家庭承包方式的荒山、荒沟、荒丘、荒滩等农村土地，可以采取招标、拍卖、公开协商等方式承包。"第 48 条第 1 款规定："发包方将农村土地发包给本集体经济组织以外的单位或者个人承包，应当事先经本集体经济组织成员的村民会议三分之二以上成员或者三分之二以上村民代表的同意，并报乡（镇）人民政府批准。"

此外，通过承包以外的方式在耕地、林地、草地、水域、滩涂等土地上从事种植业或者养殖业生产活动的，当事人可以凭取得农用地使用权的证明材料、土地勘测定界报告申请农用地使用权的首次登记。

7 土地承包经营权的流转如何进行登记？

土地承包经营权采取互换、转让方式流转，当事人申请登记的，应当持流转合同等必要材料申请土地承包经营权的转移登记。土地承包经营权采取转让方式流转的，还需要提供发包方同意的证明。

《农村土地承包法》第 37 条规定："土地承包经营权采取转包、出租、互换、转让或者其他方式流转，当事人双方应当签订书面合同。采取转让方式流转的，应当经发包方同意；采取转包、出租、互换或者其他方式流转的，应当报发包方备案。土地承包经营权流转合同一般包括以下条款：①双方当事人的姓名、住所；②流转土地的名称、坐落、面积、质量等级；③流转的期限和起止日期；④流转土地的用途；⑤双方当事人的权利和义务；⑥流转价款及支付方式；⑦违约责任。"

8 什么是预告登记?

典型事例

2012 年 12 月，王某与刘某签订房屋买卖合同。双方约定，刘某于 2013 年 1 月一次性支付王某 42 万元房款，王某同时间将住宅钥匙交给刘某。双方还约定合同违约金为 5 万元。此后，刘某按约定向王某支付房款时，王某却一再推托。

刘某后来了解到，王某在 2013 年 1 月 4 日已将住宅以 45 万元的价格卖给了孙某，并在房屋管理局办理了产权变更登记。于是，刘某到法院起诉，要求王某履行合同、交付房屋，支付违约金。最终，法院判决王某向刘某支付违约金 5 万元，驳回刘某其他诉讼请求。

法律分析

本案是在现实生活中出现一房二卖的典型案例，因原房主的一房二卖，致使签订合同的另一方当事人王某期待的物权落空，造成难以挽回的损失。案例中刘某与王某之间签订的房屋买卖合同自双方签字之日起生效，未办理物权登记的，不影响合同效力。王某与刘某签订购房合同，但王某只享有合同上的请求权，没有排他性，所以购房人也就无法防止售房人将房屋以更高的价格出卖给其他人，即"一房二卖"。如果发生了这种情况，购房人只能主张售房人违约赔偿，而不能获得所购房屋。王某将房屋出卖给孙某，双方办理了不动产物权登记，该房屋所有权已经合法转移给孙某享有，王某不再对该房屋享有所有权，故刘某与王某之间的房屋买卖合同已无继续履行的可能。但是，因为该合同已经成立生效，合同中约定了违约金，故刘某有权以王某不履行合同为由向其主张违约金。因此法院最终支持王某向刘某支付违约金5万元的赔偿。

"一物二卖"是社会经济生活中常见的一种不诚信交易行为，对于这种行为，当事人可以订立书面合同，约定违约金、定金等作为交易保障，约束对方的行为，并在权益受损时获得补偿，但不能使自己要求获得物权——房屋的所有权的利益实现。

2007年10月1日实行的《物权法》中设计的预告登记制度，为防止一房二卖提供了有效的法律途径，房屋在进行了预告登记之后，就具有了物权的排他效力，购房人将来就可以获得所购买的房屋。

预告登记指当事人签订买卖房屋或者其他不动产物权的协议，为保障将来实现物权，而按照约定可以向登记机关申请预告登记。如在商品房预售中，购房者可以就尚未建成的住房进行预告登记，以制约开发商把已出售的住房再次出售或者进行抵押。《物权法》第20条规定："当事人签订买卖房屋或者其他不动产物权的协议，为保障将来实现物权，按照约定可以向登记机构申请预告登记。预告登记后，未经预告登记的权利人同意，处分该不动产的，不发生物权效力。预告登记后，债权消灭或者自能够进行不动产登记之日起三个月内未申请登记的，预告登记失效。"

预告登记制度不仅可以防止开发商"一房二卖"，也可以避免开发商拿已经出售的房屋向银行抵押贷款。在二手房买卖中，预告登记也具有同样的效用。

本案中，刘某如果预先办理预告登记，孙某就无法在预告登记失效前进行物权登记了，而王某处分房屋的行为也无法产生效力。此时如果王某不履行合同，刘某则可以向法院起诉要求王某继续履行，从而取得房屋所有权。

9 什么是更正登记？

典型事例

仙居县步路乡某村王德才一家有夫妻、母亲和三子二女。林业"三定"划分自留山时，大儿子王大力在本集体经济组织已经自立户头，划分了自留山；王德才夫妻、母亲及2子2女共7人为一户，分得2宗自留山15亩。2006年换发林权证时，王德才夫妻和母亲已经亡故，2个女儿已经出嫁，该户在本集体经济组织人口存有王德才的2个儿子二王和小王及其家属。因为二王、小王及其家属当时均因故在外多年，人不在家，王大力就为其申报换发林权证；王大力认为自己对父母和祖母的山林有继承权，在户主一栏除填写二王、小王外，加上了王大力的名字。

2007年，二王回家后拿到林权证，当时未在意，后来为公益林补偿款问题发生争执。2014年8月10日，原告二王向仙居县人民法院起诉仙居县人民政府，要求注销林权证中登记的王大力的共有人资格。起诉认为，自留山以户为单位划分，王大力自留山另有户头，不能登入二王和小王户的林权证中共享自留山使用权。

法律分析

所谓更正登记，是对不正确的不动产登记进行更正的登记程序。更正登记通过对登记簿上不正确登记的纠正，使登记权利状态符合事实权利状态，进而避免真正权利人因登记公信力受到损害。更正后的登记自始即发生效力，所以更正登记可以封锁后来的物权变更登记，也就是说，更正登记后就必须以登记簿上所记载更正后的登记作为物权变动的基础，仍基于先前不正确登记所为的物权变更登记不发生登记的效力。《物权法》第19条第1款规定："权利人、利害关系人认为不动产登记簿记载的事项错误的，可以申请更正登记。不动产登记簿记载的权利人书面同意更正或者有证据证明登记确有错误的，登记机构应当予以更正。"

《林木和林地权属登记管理办法》第17条规定："发现林权证错、漏登记的或者遗失、损坏的，有关林权权利人可以到原林权登记机关申请更正或者补办。"《物权法》中也有类似的规定。权利人、利害关系人认为林权登记事项有错误的，可以申请更正登记。案例中，原告可以向县林业局领取《林权变更登记申请表》，可以由原林权证的权利人，也就是林权证登记的王大力、二王、小王三个人，共同提出更正登记申请，经村、乡审查上报，进行林权证的更正登记。

10 什么是异议登记？

典型事例

王大爷今年已经82岁了，一直居住在老家的房子里。然而2013年6月村民委员会通知其办理房产、土地登记时却发现，王大爷的房产竟然登记在儿子王某名下。王大爷为此很是不解，认为自己的老房子是1989年建成的，建成后虽然儿子王某与其一起在房屋内共同居住，但是房子是自己的，怎么房产证上成了王某呢？原来在 1996 年 9 月，他们所在的县对村镇房屋进行统一登记，要求房主填写《县村镇私有房屋所有权登记申请表》、《县村镇私有房屋所有权登记发证报批表》，后县政府于 1996 年 9 月 30 日向王某颁发了房屋产权证。

然而王大爷的儿子王某表示，自己从未向任何单位申请过房产登记，也没有见过这个证，此证登记在他名下，他自己也不知道，登记申请表上的签名也不是王某签的。随后王大爷以"该争议房产系其本人所有，被告县政府在没有查明事实的情况下，错误登记在其儿子王某名下，被告的行为严重侵害了原告的合法权益"为由诉至法院，王某作为第三人参加诉讼，请求法院撤销被告颁发给王某的房产证。

法津分析

异议登记是指当利害关系人认为不动产登记簿记载的事项错误，而登记簿上记载的权利人不同意更正的，利害关系人可以持登记申请书、申请人身份证明、登记簿记载错误的证明文件等材料，向不动产登记机构提出异议，经审查通过后，登记机构将异议记载在登记簿上的登记行为。异议登记旨在对登记错误状态下的真正权利人或者利害关系人提供救济，通过在登记簿上记载不动产登记异议，排除登记的公信力，排斥第三人的信赖，从而达到维护和救济自身权利的目的。异议登记并不是一种终局的对错误登记的救济，但它可以及时或临时性的提供一种保护，并与更正登记结合形成保护真正权利人或者利害关系人的制度体系。

根据《物权法》第 19 条第 2 款"不动产登记簿记载的权利人不同意更正的，利害关系人可以申请异议登记。登记机构予以异议登记的，申请人在异议登记之日起十五日内不起诉，异议登记失效"的规定，若利害关系人在异议登记事项受理后，不向人民法院提起诉讼或者向仲裁机构申请仲裁，异议登记的有效期从受理之日起算为十五日。若利害关系人在十五日内提起起诉或申请仲裁的，利害关系人就需携带立案通知证明到登记机构申请异议登记有效期续展手续。

本案中，法院审理后认为，争议房产系王大爷于 1989 年出资建成并居住，第三人王某在庭审中予以认可，因此王大爷与本案具有事实上和法律上的利害关系。而被告也未能列举有效证据证实原告明知其为第三人颁发不动产产权证的具体行政行为。本案中，被告在向第三人王某颁发不动产产权证书时，应按照不动产权属登记有关规定的程序进行，并对不动产产权来源进行审查、核实，但被告未对不动产权属情况进行全面审查。庭审中，第三人王某陈述其未申请过房产登记，也未见到该房产证书，申请表及登记报批表上的签名均不是本人所签。被告在对第三人王某的房产进行确权登记时认定事实不清，主要证据不足，依法应当予以撤销。依据《中华人民共和国行政诉讼法》，法院判决撤销县政府为第三人王某颁发的村镇私房产所有权证。

11 不动产登记的收费是什么标准？

典型事例

小马通过中介公司购买了一套二手房，三方约定由中介公司代为办理贷款、产权过户等一应事宜，中介公司也提前向小马收取了按面积计算的房屋过户费三万余元。眼看快到"十一"了，产权过户还没办，小马打电话问了一下，中介公司答复只能是"十一"之后去办了，小马的妻子在旁边听见了，想起报纸上介绍过"十一"之后产权登记按件收费，马上要求中介公司承诺到时候退还多收登记费，中介公司却毫不犹豫地说"那是不可能的"。那么，国家对不动产登记的收费方式到底是按面积还是按件收费呢？

法津分析

1. 根据《关于规范房屋登记费计费方式和收费标准等有关问题的通知》，房屋登记费的收费标准有：

（1）房屋登记费按件收取，不得按照房屋的面积、体积或者价款的比例收取。

（2）住房登记收费标准为每件80元；非住房房屋登记收费标准为每件550元。住房登记一套为一件；非住房登记的房屋权利人按规定申请并完成一次登记的为一件。

（3）房屋登记费向申请人收取。但按规定需由当事人双方共同申请的，只能向登记为房屋权利人的一方收取。

（4）房屋查封登记、注销登记和因登记机关错误造成的更正登记，不收取房屋登记费。房屋权利人因丢失、损坏等原因申请补领证书，只收取房屋权属证书费。农民利用宅基地建设的住房登记，不收取房屋登记费，只收取房屋权属证书工本费。经济适用住房登记，以及因房屋坐落的街道或门牌号码变更、权利人名称变更而申请的房屋变更登记，按本通知第3条规定的收费标准减半收取。

（5）房屋权利人在办理房屋登记时委托有关专业技术单位进行房产测绘缴纳的费用属于经营服务性收费，收费标准由省级价格主管部门同有关部门制定。

2. 另外，关于土地登记的收费标准，1998年国家计委办公厅、财政部办公厅发布的《关于土地登记收费有关问题的复函》（计办价格［1998］715号）规定："在具体实施土地权属调查、地籍测绘收费和土地注册登记、发证收费时，应遵照以下原则：

（1）土地界址点、界址线发生变化，土地管理部门进行土地权属调查和地籍测绘并相应进行注册登记、发证的，可收权属调查、地籍测绘费和注册登记、发证费。

（2）土地界址点、界址线没有发生变化，土地管理部门只进行权属调查并相应进行注册登记、发证的，只收权属调查费和注册登记、发证费。权属调查费的收取标准，应参考《办法》（《关于土地登记收费及其管理办法》）第 4 条 4 款第 1 项规定的权属调查、地籍测绘费使用比例，按规定的土地权属调查、地籍测绘收费标准的 50% 计收。单纯进行注册登记、发证的只收注册登记、发证费。"

12 不动产登记簿上的记载与不动产实际情况不一致时，怎么办？

典型事例

青年工人小吴快要结婚了，经人介绍买了一套二手房。在交纳购房定金以前，小吴专门让卖房人老金把该房屋的房产证带来看了看，证明该房屋的面积确实是 80 平方米，老金确实是房屋的所有人。小吴这才放心地与老金签订了购买房屋的合同，约定七天后到房管局去办理房屋过户手续的那天，小吴和老金一起来到房管局。在办理时小吴和老金吃惊地发现，老金的房屋上有银行的抵押权。原来，老金的儿子做生意急需用钱，就背着老金，拿着老金的身份证等证明文件私自以老金的房屋作抵押到银行借了 20 万元钱。老金一直不知道，今天想卖房子要过户时才发现。

法津分析

不动产登记簿登记的事项与权利证书或证明不一致时，应当以不动产登记簿为准。《房屋登记办法》第 25 条第 1 款规定："房屋登记机构应当根据房屋登记簿的记载，缮写并向权利人发放房屋权属证书。"房屋权属证书是权利人享有房屋权利的证明，包括《房屋所有权证》、《房屋他项权证》等。申请登记房屋为共有房屋的，房屋登记机构应当在房屋所有权证上注明"共有"字样。预告登记、在建工程抵押权登记以及法律、法规规定的其他事项在房屋登记簿上予以记载后，由房屋登记机构发放登记证明。

《物权法》第17条规定："不动产权属证书是权利人享有该不动产物权的证明。不动产权属证书记载的事项，应当与不动产登记簿一致；记载不一致的，除有证据证明不动产登记簿确有错误外，以不动产登记簿为准。"《房屋登记办法》第26条也规定："房屋权属证书、登记证明与房屋登记簿记载不一致的，除有证据证明房屋登记簿确有错误外，以房屋登记簿为准。"

因此，不动产权属证书是权利人享有该不动产权利的证明。不动产权属证书记载的事项，应当与不动产登记簿一致；记载不一致的，除有证据证明不动产登记簿确有错误外，以不动产登记簿为准。

本案中银行的抵押权登记在房管局的登记簿上，银行也是善意无过失的，因此其抵押权应当是合法、有效的，该房屋是有抵押权这个负担的。老金的房屋产权的状况应该以登记簿为准。

13 宅基地实际购买人与纸面上的购买人不一致怎么办？

典型事例

张芬与王石、曹凤侠均系丰润区石各庄镇女过庄村村民。王石与曹凤侠系夫妻关系，王强、王风系被告王石之兄。张芬与祁丽丽系母女。祁丽丽系唐山市开平区粟园镇茅草营村人。2004年1

月1日，经张芬与王石、曹凤侠协商，王石将自己名下宅基地证号为10-9-8的宅院和其长兄王强名下宅基地证号为10-9-9的宅院各一所以共计9800元的价格一并卖给张芬，当日在村委会主要成员及中证人主持下，张芬以自己女儿祁丽丽的名义与王石签订了买卖协议两份，为少纳税，协议中将王石名下房款写为3000元。本案争议房产的协议内容为："立卖契人王石自有平正房叁间和宅基内的其他建筑物，情愿以人民币叁仟元整卖与祁丽丽名下永远为业。房款笔下交清，空口无凭，特立字为证。立卖契人王石，中证人高春旺、陈宪华、白树旺、王福华、白怀生、王连庭，公元二〇〇四年元月一日"。张芬交付了房款，王石将房屋及土地使用证交予张芬。2004年2月18日，张芬委托高春旺以祁丽丽名义缴纳了房屋买卖契税，在房屋买卖及价款交付过程中，祁丽丽一直未参与。后张芬要求过户，因王凤、王强出面制止未果。王凤、王强早已外迁，王石三兄弟之父韩守谦于20世纪80年代去世。10-9-8号宅院交易前，由王石夫妇居住。张芬已于2009年将该宅院房屋翻建入住。

法 律分析

一审法院认为：王强、王凤虽主张争议房产为三兄弟共有，但争议房产的宅基地使用证登记在王石名下，交易前王石、曹凤侠夫妇在该房内居住，王强、王凤早已外迁多年，二人亦未提交张芬明知该房产为共有财产的相关证据，以上足以认定张芬有理由相信王石、曹凤侠对该房产享有处分权。张芬与王石、曹凤侠经协商，在多人见证下签订协议，以合理对价购得争议房产，该房屋买卖协议合法有效。关于王强、王凤主张买受人为祁丽丽，张芬并非适格原告的问题，虽然房屋买卖协议、契税票中显示买方为祁丽丽，但从协商、签订协议、出资付款、接受宅基使用证到办理契税等一系列过程均是张芬经办，祁丽丽均未参与且明确表示自己并非买受人，作为卖方的曹凤侠亦不清楚协议是用祁丽丽的名义，根据以上事实可以认定张芬为实际房屋购买者，王强、王风的该主张不予采信。协助办理宅基地使用证过户手续，是作为出卖人的王石、曹凤侠的附随义务，张芬的诉讼请求，理据充分，应予支持。王强、王风认为争议房产为三兄弟共有，张芬、王石间的买卖行为侵犯了其合法权益，在房产已为张芬合法受让取得的情况下，可向房产出卖人王石、曹凤侠主张相关权利。遂判决：撤销本院（2011）丰民重字第75号民事裁定；被告王石、曹凤侠于本判决生效后十日内，协助原告张芬将坐落于唐山市丰润区石各庄镇女过庄村房产的宅基地使用权登记手续（宅基证号为10－9－8号）过户至原告张芬名下；③驳回王强、王风的诉讼请求。案件受理费80元，由被告王石、曹凤侠负担。

一审宣判后，王风不服上述判决向本院提起上诉，理由是：原审法院认定事实不清，本案争议房产的买卖协议和契税均是祁丽丽的名字，没有张芬的名字，合同当事人应为签订协议的双方，因此张芬作为起诉的主体不适格。

二审法院认为：虽然该房屋的买卖协议、契税票中显示买方为祁丽丽，但纵观本案整个购房过程，购买房产时经过协商、签订协议、交付房款、接收宅基使用证、办理契税等整个过程均是张芬本人办理，祁丽丽均未参与。且出卖人王石夫妇也主张房产卖给了张芬，祁丽丽本人也明确表示自己没有购买争议房产。故此，可以认定，张芬为房屋的实际购买者。上诉人王风主张房屋的买受人为祁丽丽，张芬作为起诉的主体不适格，理据不足，二审院不予支持。最终，二审法院维持了原判。

14 分家时，楼梯间是否属于共同所有？

典型事例

王大、王二系同胞兄弟，双方的住房均坐落在象山县高塘岛乡孝贤湾村且东西相邻。1997 年 7 月，王大、王二均向象山县国土部门申报土地使用权属登记，办理了集体土地建设用地使用证，王二集体土地建设用地使用证为象集建（97）字第 19（13）2245 号，登记面积为 88.12 平方米。被告王大集体土地建设用地使用证为象集建（97）字第 19（13）2246 号，登记面积为 69.62 平方米。1988 年，王大、王二父母对王大、王二进行分家，王二分得西首一间老房屋，王大分得东首一间老房屋；分家时王大、王二相邻的楼梯间通过"抓阄"的办法，由王二分得二层、三层的楼梯间各一间，王大分得一层的一间楼梯间，楼梯共同使用。

另查明，楼梯间宽度为 1.9 米，该楼梯间的土地权属既登记在王二的建设用地使用证上，又登记在王大的建设用地使用证上。后王大、王二对老房屋进行重新建造。2013 年 4 月，王二向象山县国土资源局提出土地权属异议登记。

王二于 2013 年 4 月 10 日诉至原审法院，请求确认王大、王二住房东西相邻处 14.6 平方米划拨土地归王大、王二共同使用。

法律分析

法院审理认为：权利人、利害关系人认为不动产登记簿记载的事项错误的，可以申请更正登记。不动产登记簿记载的权利人不同意更正的，利害关系人可以申请异议登记。登记机构予以异议登记的，申请人在异议登记之日起 15 日内不起诉的，异议登记失效。本案争议的焦点是楼梯间的土地是否属王大、王二共同使用。首先，从楼梯间的来源看，王大、王二的父母证实该楼梯间通过"抓阄"的办法分给王大、王二共同使用，故该楼梯间的土地应属王大、王二共同使用。其次，从建设用地使用证的登记看，建设用地使用证及现场勘验笔录证实该楼梯间的土地既登记在原告的建设用地使用证上，又登记在被告的建设用地使用证上，据此认定该土地属重复登记。王二主张该楼梯间的土地属王大、王二共同使用与该土地的来源及登记机构重复登记相一致，对王二要求依法确认王大、王二住房东西相邻处约14.6平方米划拨土地属王大、王二共同使用的诉请，予以支持。王大辩称该土地属自己使用，但王大提供的证据不足以证明该土地属王大一户所使用。故对王大的辩称，不予采纳。

据此，法院依照《中华人民共和国物权法》第19条的规定，作出如下判决：王大、王二住房东西相邻处楼梯间的土地属王大、王二共同使用。

王大不服，上诉至二审法院，称：①原判认定事实不清，证据不足。双方当事人的父母证实该楼梯间通过"抓阄"的办法分给双方当事人共同使用，该证言违背事实和情理。事实上该楼梯间分给王大，王大同意在王二未建起新楼梯时可以借用。同时，1997年期间象山县人民政府国土资源局对本县农村的集体土地建设用地使用进行全面普查时，王二作为当时的村干部不但没有对讼争的楼梯间土地使用权提出异议，还签字确认了王大拥有该土地使用权，因此王二不存在对该楼梯间土地使用权的重复登记。原判仅以当事人的父母证言及勘验笔录作出的认定不规范，也是片面的。②讼争楼梯间的土地使用权在王大已确权发证的建房用地范围内，王二对此作出的异议登记是不成立的。原判适用物权法作出的判决显然是错误的。请求二审法院撤销原判，指令原审法院重审或者在查清事实后改判。

王二答辩称：分家时抓阄是我们农村的土办法，原审法院审判人员到现场去勘验，并且找双方当事人的父母进行调查取证，是法院依职权行为，而且该证据经过了庭审质证，因此不属于证人不出庭作证的问题。本案事实是象山县土管部门确实存在登记差错，将争议的楼梯间土地重复登记在双方建设用地使用证名下。综上，原审认定事实清楚，适用法律正确，请求维持原判。

二审法院认为：王大及王二的集体土地建设用地使用证附图中虽然对讼争楼梯间土地使用权未作明确标注，但原审法院根据集体土地建设用地使用证登记的面积结合双方当事人陈述、现场勘验认定讼争楼梯间的土地使用权王大和王二存在重复登记，证据充分，并无不当。原判根据当事人父母的证言，结合该楼梯间当事人实际使用情况，认定该楼梯间土地使用权属双方当事人共同使用，理由充分，也无不当。王大上诉称讼争楼梯间在分家时明确归王大所有，在王二未建起新楼梯时予以借用，对此，王大未能提供相应分书或借用的证据，且"抓阄"分房也符合农村习俗，因此王大关于讼争土地使用权归属于王大的主张，证据不足，本院难以采信。综上，原审法院认定事实清楚，适用法律正确，判决并无不当。

15 房子已经分给了儿子，还能作为诉讼主体打官司吗？

典型事例

张芬、李才系亲戚关系，两家房屋连片，同在墙头村李家中横道地。其中东厢横屋北第二间，即平常讲的"八尺间"属张芬祖传自有房产。一直以来张芬从无对它进行过出售或转让他人的交易事项，是张芬与儿子分家时留下来作养老、居住用房的。因张芬的子女均在外地工作，张芬本人一度居住在女儿家不在该村内；也因土地登记手续的欠缺，导致1997年农村宅基地初始申报登记时，李才在张芬不在场、不知情的情况下将张芬的"八尺间"与自己的房屋一并向土地登记部门申报，将它登记在自己名下，从而造成了房屋宅基地被冒报误登的事实。多年后，张芬才发现该情况，并及时向李才提出要求返还案涉"八尺间"宅基地使用权及相关权属并进行变更登记。在与李才协商未成的情况下，张芬于2014年5月18日向象山县国土资源局提出"土地异议登记申请"并经审查获准。综上，请求判令李才返还被误登在李才土地登记簿（宗地编号为008-912-0061-07，土地坐落为墙头镇墙头村李家，土地证号为象集用2013第00807号）上的李家中横道地东厢横屋北首第二间，即"八尺间"的土地使用权及相应的其他物权，并协助张芬办理相应房屋、土地产权变更登记手续。

法律分析

本案中，张芬诉讼主体不适格。根据张芬提供的1974年的分书显示，张芬已将案涉房屋分配给李建平、李建国所有，故张芬不是案涉房屋的原所有权人。案涉房屋在20世纪70年代以300元的价格由李建平、李建国出卖给李才，后因李才要建造房屋，与李作敏（张芬的大儿子）协商后将案涉房屋与李作敏的房屋进行调换。1992年李作敏又将案涉房屋出卖给李才，在农村宅基地产权登记申报时，李才将案涉房屋进行了申报。请求驳回张芬的诉讼请求。

案涉"八尺间"为李家中横道地东厢横屋北首第二间，原系张芬所有。1974年12月28日，张芬在中间人即李才在场的情况下进行分家析产，欧文生进行代书。分书中约定："房屋问题……2.尽头第二间仍属建平、建国所有。"张芬及李作敏、李建平、李建国在协议上签字。张芬、李才均认可该分书中约定的"尽头第二间",即案涉"八尺间"。1997 年,案涉房屋登记在李才名下。

讼争房屋于 1974 年进行分家析产后,其所有权已归属案外人李建平、李建国,张芬对房屋已不享有所有权。因此张芬诉请李才返还讼争房屋并协助办理变更登记手续,依据不足,法院不予支持。

16 不动产登记纠纷中,如何才算积极履行了自己的义务?

典型事例

2010 年 12 月 31 日,张三与沙县总工会签订了一份《房屋拆迁安置补偿协议》,协议约定,沙县总工会因修建办公楼,需拆除张三的门面房屋,实行房屋等面积置换,被拆除的张三的门面房面积为 38.15 平方米,沙县总工会提供的置换门面房位于其办公楼一层自东向西数第一间,面积为 51.49 平方米,超出张三的房屋面积 13.34 平方米,超出部分的面积,按照每平方米 1500 元的价格,由张三支付给沙县总工会差价 20010 元,该款可一次性付清,或分三年或五年付清。协议还约定,置换后的房屋由沙县总工会在一年内给张三负责办理房产证、土地使用证,但张三需提供资料协助沙县总工会办理,办理房地产证的税费及土地出让金全部由沙县总工会承担,如任何一方违约,则由违约方向对方承担违约金 50000 元。协议签订后,沙县总工会从 2011 年 3 月份着手为张三办理房产证和土地使用证,至 2013 年 6 月 5 日,沙县总工会为张三办理了房产证,沙县总工会通知张三到临泽县房产管理局交纳了 1207 元的税费并领去了房产证,后因办理土地使用证的需要,张三又将房产证交给了沙县总工会,沙县总工会于 2014 年 3 月 18

日办理了土地使用证。2013 年 3 月 30 日，张三和王国红达成房地产买卖协议，约定张三将该商铺出售给王国红，价格为 38 万元，在签订协议之日付定金 2 万元，剩余 36 万于张三将该商铺的房产证和土地使用证交给王国红后付 26 万，剩下 10 万元于 2014 年 4 月 20 日全部付清，如一方违约应承担违约金 10 万元。因张三与沙县总工会为两证的交付、违约责任的承担发生矛盾，张三起诉要求处理。

法津分析

本案争议的焦点是：①沙县总工会在办理房产证和土地使用证期间，张三是否履行了积极配合提供相关资料的义务；②沙县总工会是否违约，如违约给张三造成的损失是多少，沙县总工会应承担违约金的数额。

围绕第一个争议的焦点，双方均没有向法庭提交书面证据，但办理房产证和土地使用证所需的张三的身份证复印件，张三已提交给沙县总工会，至于办理两证所需的四至确认书，沙县总工会从房产部门领取后一直在沙县总工会处，沙县总工会已负责找相关人员签了确认书，沙县总工会没有证据证明在办理两证的过程中，张三不配合的事实存在。

围绕第二个争议的焦点，张三向法庭提交了房屋拆迁安置补偿协议书和公证书，以证实沙县总工会没有在一年内为张三办理完毕两证，故沙县总工会违约并应承担违约金，经质证，沙县总工会认为，协议内容属实，但协议并没有约定沙县总工会必须在一年办理完毕两证，并交给张三。因该协议双方没有异议，法庭采信；张三还向法庭提交了和王国红签订的房地产买卖协议复印件并由王国红出庭作证，王国红证实，该协议内容属实，至今只给张三购房款 20 000 元，其余的按约定支付，证人已将该房屋出租给天安财产保险股份有限公司张掖支公司临泽代办点了。

　　经质证，沙县总工会认为该买卖行为不符合常理，不真实，法庭经调查天安财产保险股份有限公司张掖支公司临泽代办点负责人刘光科，刘光科证实临泽代办点使用的房屋是从王国红处租赁的，2014年有租赁合同，已交到张掖支公司，2013年是否有租赁合同不确定，法院到天安财产保险股份有限公司张掖支公司调取2013年和2014年的租赁合同，经张掖支公司和临泽代办点相关人员联系，刘光科向本庭提交了临泽代办点和王国红妻子张玉花签订的2014年的房屋出租协议，无2013年的房屋出租协议。沙县总工会虽对王国红的证言和协议提出异议，但无反驳证据，故对该协议的真实性予以采信。沙县总工会向法庭提交了缴纳测绘费的发票复印件一份，已为张三办理完毕的房产证和土地使用证，沙县总工会单位的房产证和土地使用证的复印件，证明沙县总工会于2011年3月就开始办理两证，但由于受办证程序和张三不配合的影响，导致2013年6月和2014年3月才办理完毕两证。

　　经质证，张三认为，上述证据均属实，但张三履行了办证的配合义务，沙县总工会于2013年6月才办理了房产证，沙县总工会违背协议约定要求张三向房产管理部门交纳了税费后，领取了房产证，后因沙县总工会办理土地使用证，又收回了房产证，沙县总工会的行为违约。

　　张三与沙县总工会签订了房屋拆迁安置补偿协议书并进行了公证，双方应严格按照协议履行各自的义务。协议约定，沙县总工会在一年内给张三负责办理房产证、土地使用证，但直到2013年6月和2014年3月才为张三办理完毕两证，实属违约；沙县总工会辩解沙县总工会在一年内负责办理两证，并不是一年内办理完毕并交给张三，且张三还拖欠沙县总工会的房屋置换的差价未付，故不应给张三两证。沙县总工会的该辩解理由与合同约定的内容不符，人民法院不予采纳，故沙县总工会应承担违约金。沙县总工会已实际为张三办理完毕两证，经法庭建议，沙县总工会当庭交付给张三该商铺的所有权证和土地使用证，予以确认。

在庭审中，沙县总工会提出了双方约定的违约金过高，要求调整，根据《中华人民共和国合同法》第114条第2款"约定违约金低于造成的损失的，当事人可以请求人民法院或者仲裁机构予以增加；约定的违约金过分高于造成的损失的，当事人可以请求人民法院或者仲裁机构予以适当减少"的规定和最高人民法院《关于适用〈中华人民共和国合同法〉若干问题的解释（二）》第29条"当事人主张约定的违约金过高请求予以适当减少的，人民法院应当以实际损失为基础，兼顾合同的履行情况、当事人的过错程度以及预期利益等综合因素，根据公平原则和诚实信用原则予以衡量，并作出裁决。当事人约定的违约金超过造成损失的30%的，一般可以认定为合同法第114条第2款规定的过分高于造成的损失"的规定，违约金以补偿性为主，惩罚性为辅，违约金的调整方法既要以弥补当事人损失为原则，又要体现一定的惩罚性。

本案中，双方在履行合同的过程中，沙县总工会将置换后的房屋按约交给了张三，张三实际占有并已出售该房屋，虽沙县总工会通知张三到房产管理部门交纳税费后领取了房产证，但因张三拖欠沙县总工会的房屋置换金，所交纳的税费和房屋置换金可相互抵顶，符合常理，不存在沙县总工会有过错。张三提供的协议和证人王国红的证词，证实了张三没有及时拿到购房款26万的事实，确实给张三造成了一定的损失，其损失应以26万元、一年期的定期存款年利率3.25%计算，期限自2013年3月30日至2014年4月29日（起诉日），计算为9154元。综合本案的实际情况，认定双方约定的违约金过高，应予以调整，调整后的违约金以不超过造成损失的 30% 为宜。综上，根据《中华人民共和国合同法》第 114 条、最高人民法院《关于适用〈中华人民共和国合同法〉若干问题的解释（二）》第 29 条的规定，判决如下：沙县总工会临泽县总工会支付张三违约金 12 000 元，限沙县总工会于判决生效后一次性付清。

案件受理费 1250 元，减半收取 625 元，由张三承担 300 元，沙县总工会承担 325 元。

17　不动产买卖双方约定不进行登记，是否具有法律效力？

典型事例

李红彬、贾合菊系夫妻关系，生育有二子一女即长子李会强，次子李治强，女儿李慧丽。李会强及被告李红彬、贾合菊、李治强在位于宜阳县锦屏镇高桥村宜阳县锦屏镇政府后共有二层房产一所，房屋所有权证为宜房权证（99）字第私 00364 号，性质为非成套住宅，登记房屋所有权人为李红彬，实为李会强、李治强、李红彬、贾合菊共有，该房屋占用土地的使用证为宜国用（2000）字第 120800186 号。2012 年 3 月 27 日，李会强与李治强、李红彬、贾合菊四人签订房产分割协议书一份，对房屋所有权证为宜房权证（99）字第私 00364 号的非成套住宅的房屋产权分配达成分割协议，约定载明："①该房产（含土地使用权）归李会强所有；②由李会强一次性补偿李红彬、贾合菊、李治强人民币捌万元整；③李红彬、贾合菊夫妇同意将 8 万元人民币交付给李治强，作为李治强购房费用，此款在本协议生效之日一次性清结完毕；④上述四人均同意本协议书自各名当事人签名按印后生效，对各方均产生约束，永不反悔，不再到房产管理部门和土地部门办理房屋产权和土地使用权变更登记手续；⑤此协议一式四份，各方当事人各执一份。"李红彬、贾合菊、李会强和李治强均签名捺印，并有见证人李宏友、李治钦签名捺印。协议签订当时李会强付给李治强80000元，李治强在签名处注明"8万已收到"。现李会强以该协议的第4条违反法律规定，应属无效条款，李会强、李治强应按法律规定办理过户变更登记，李治强不尽协助义务为由诉入法院，请求判令三被告协助李会强办理房屋所有权和土地使用权变更登记手续。

李治强辩称：本人没有协助过户的义务，协议中约定不再过户是双方的真实意思表示，本案审理的是不动产登记纠纷，不是审理合同是否有效，若按照原告的诉讼请求，首先应另案起诉撤销合同，故应驳回原告的诉讼请求。

法律分析

本案的争议焦点是，双方在合同中约定的"不再到房产管理部门和土地部门办理房屋产权和土地使用权变更登记手续"的条款是否有效。根据我国《物权法》以及《不动产暂行条例》的规定，房屋所有权发生变更的，应当进行不动产登记。对于不动产变动进行登记是我国法律的强制性规定，这种强制性规定是不能通过私下达成协议进行免除的，因为强制性规定本身就是为了维护我国不动产变动的合法性以及保护善意第三人的知情权。

法院认为：原、被告签订的房产分割协议书，系双方的真实意思表示，对房屋的分割本院予以确认。现原告李会强要求把房产登记在自己名下并无不当，故要求三被告协助办理房屋所有权变更登记手续的诉讼请求理由正当，本院予以支持。

《民法通则》第72条："财产所有权的取得，不得违反法律规定。按照合同或者其他合法方式取得财产的，财产所有权从财产交付时起转移，法律另有规定或者当事人另有约定的除外。"第78条规定："财产可以由两个以上的公民、法人共有。共有分为按份共有和共同共有。按份共有人按照各自的份额，对共有财产分享权利，分担义务。共同共有人对共有财产享有权利，承担义务。按份共有财产的每个共有人有权要求将自己的份额分出或者转让。但在出售时，其他共有人在同等条件下，有优先购买的权利。"

《物权法》第100条规定："共有人可以协商确定分割方式。达不成协议，共有的不动产或者动产可以分割并且不会因分割减损价值的，应当对实物予以分割；难以分割或者因分割会减损价值的，应当对折价或者拍卖、变卖取得的价款予以分割。共有人分割所得的不动产或者动产有瑕疵的，其他共有人应当分担损失。"

《城市房地产管理法》第61条规定："以出让或者划拨方式取得土地使用权，应当向县级以上地方人民政府土地管理部门申请登记，经县级以上地方人民政府土地管理部门核实，由同级人民政府颁发土地使用权证书。在依法取得的房地产开发用地上建成房屋的，应当凭土地使用权证书向县级以上地方人民政府房产管理部门申请登记，由县级以上地方人民政府房产管理部门核实并颁发房屋所有权证书。房地产转让或者变更时，应当向县级以上地方人民政府房产管理部门申请房产变更登记，并凭变更后的房屋所有权证书向同级人民政府土地管理部门申请土地使用权变更登记，经同级土地管理部门核实，由同级人民政府更换或者更改土地使用权证书。法律另有规定的，依照有关法律的规定办理。"

法院判决如下：限被告李治强、李红彬、贾合菊于本判决生效之日起十日内协助原告李会强办理位于宜阳县锦屏镇高桥村房屋所有权证为宜房权证（99）字第私00364号房屋所有权的变更登记手续。

18 产权证上只有夫妻一方的名字，不动产变动时怎么办？

典型事例

赵强、王月芬系夫妻关系，在婚姻存续期间购买一套位于宜阳县滨河路南侧的私有房产，证号为：宜房权证（2006）字第私011989号，房屋所有权人登记为王月芬，无共有人。2007年10月9日，臧军旗与赵强签订房屋买卖协议，协议载明：甲方赵强、王月芬，乙方臧军旗，①甲方有滨河路南侧2-101一套转让。②该房权证2006字第私011989号。③乙方自愿出资15万元购买甲方房产权。④过户费用由乙方承担。⑤甲方应积极配合乙方办理过户手续。⑥未尽事宜，双方协商。赵强在协议上签上了自己和妻子王月芬的名字，于当日接收到臧军旗给付的购房款150 000元，并在收条上签上了自己和妻子王月芬的名字，同时将该房屋钥匙及房屋所有权证书交给臧军旗。臧军旗将该房屋出租使用至今，但房屋至今未办理房屋所有权变更登记。现臧军旗因二被告长期不配合自己办理房屋所有权变更登记手续，诉入法院，请求判令二被告履行协议，将转让给原告的房产协助办理变更所有权人登记手续，并由二被告承担本案诉讼费。

赵强辩称：该房屋产权不属于我，我没有权利给原告办理过户登记手续。

王月芬辩称：臧军旗和赵强签订的房屋买卖协议中所指房屋的所有权是我的，属于我的个人财产，赵强对该房产没有处分权。臧军旗和赵强签订买卖协议是背着我进行的，我根本不知道其二人签订房屋买卖协议的事情。他们将该房屋进行买卖具有主观恶意，损害了我的利益。2007年10月臧军旗与被告赵强签订房屋买卖协议时，我房屋建筑面积为129.86m²价值已达到259 920元，

加上车库 30 000 元，总价值达 289 920 元，原告仅支付 150 000
元，显然是不合理的价格。依照相关法律规定，臧军旗与赵强签
订的房屋买卖协议对我不产生法律效力，我不应该给原告办理过
户登记。

法律分析

　　赵强、王月芬在婚姻存续期间购买的房产，虽然登记为被告
王月芬，但对婚姻存续期间取得财产的所有权问题并无书面约定，
故应认定该宗房产为夫妻共同财产。王月芬的丈夫赵强与臧军旗
签订的房屋买卖协议系双方真实意思表示，且已实际履行，虽然
被告王月芬未在协议上签字，但两被告系合法夫妻关系，在臧军
旗购买诉争房屋后长达五年之久的时间内，王月芬对房屋买卖的
行为未提出任何异议，且未找臧军旗要求返还房屋或采取起诉救
济的方式，不行使撤销权，足以让原告相信该房屋买卖协议是经
过被告王月芬认可的。故该房屋买卖协议应对两被告均有约束力，
赵强、王月芬应当协助臧军旗办理房屋所有权变更登记手续。王
月芬认为，该宗房产所有权属于自己的理由缺乏证据和法律依据，
其意见本院不予采纳；故认为赵强无权处理此宗房产的辩解理由
亦不成立。《民法通则》第 4 条规定："民事活动应当遵循自愿、
公平、等价有偿、诚实信用的原则。"

　　《合同法》第 49 条规定："行为人没有代理权、超越代理权或
者代理权终止后以被代理人名义订立合同，相对人有理由相信行
为人有代理权的，该代理行为有效。"

　　《婚姻法》第 19 条第 1 款规定："夫妻可以约定婚姻关系存续
期间所得的财产以及婚前财产归各自所有、共同所有或部分各自
所有、部分共同所有。约定应当采用书面形式。没有约定或约定
不明确的，适用本法第十七条、第十八条的规定。"

最高人民法院《关于适用〈中华人民共和国婚姻法〉若干问题的解释（一）》第 17 条规定："婚姻法第十七条关于'夫或妻对夫妻共同所有的财产，有平等的处理权'的规定，应当理解为：（一）夫或妻在处理夫妻共同财产上的权利是平等的。因日常生活需要而处理夫妻共同财产的，任何一方均有权决定。（二）夫或妻非因日常生活需要对夫妻共同财产做重要处理决定，夫妻双方应当平等协商，取得一致意见。他人有理由相信其为夫妻双方共同意思表示的，另一方不得以不同意或不知道为由对抗善意第三人。"

最终法院判决赵强、王月芬在判决生效后 30 日内，协助臧军旗办理位于宜阳县城关镇滨河西路南侧 1 幢 2 - 101 号房屋所有权变更登记手续。

19 儿子去世了，父亲自然就继承了儿子的房屋吗？

典型事例

2006 年 3 月原告王小芬丈夫孙大光在广东打工期间，委托其父亲即本案被告孙大海在老家替其购买房屋（原告当时处于产假期间）。被告孙大海于 2006 年 3 月 15 日以孙大光名义与第三人颐然小区项目部签订《颐然小区售房合同书》1 份，购买第三人在光山县东城新区临街两间三层商铺房一套，总价款 293000 元，首付 75000 元，合同购买方签名为"孙大光"并注明"孙大海代"。2007 年 3 月 1 日，孙大光突发心源性疾病猝死，同年 4 月份被告孙大海找到项目部经理胡庆霞，以儿子孙大光已病故为由，要求将房产证办在他的名下，胡庆霞随即安排负责此项工作的项目部工作人员张国良办理。因县房管部门是按合同上签名办证，张国良便与被告孙大海重新签订一份售房合同，落款日期填为 2006 年

3 月 26 日，但合同首页日期仍显示为 2006 年 3 月 15 日。2007 年 11 月 14 日，光山县房管所为被告颁发了字第 0016336 号房屋所有权证。后原告发现房产登记在被告名下，便于 2009 年 5 月 18 日向县房管所提出登记异议，并于同年 5 月 21 日向法院提起诉讼，请求法院依法确认被告与第三人于 2006 年 3 月 26 日签订的《售房合同书》无效，确认原购房人孙大光与第三人签订的《售房合同书》合法有效。另查明：本案诉争房屋所有购房款项及签名均由被告孙大海代为办理，房产交付后现由被告孙大海租赁他人用于经营。

法律分析

一审法院认为：合法的民事法律行为受法律保护。原告王小芬的丈夫孙大光生前口头委托其父亲即本案被告孙大海代为在第三人处购买房屋的行为，是其授权委托行为，符合法律规定。其父亲孙大海是代理人，孙大光是被代理人。依照法律规定，孙大海须在孙大光的授权委托范围内代理进行民事活动，且不能损害被代理人孙大光的合法权益，否则，代理行为无效并应当依法承担相应的民事责任。2006 年 3 月 15 日被告孙大海代表孙大光与第三人签订的购房合同，依法应当认定为孙大光与本案第三人形成的买卖合同关系，且代理人孙大海在购房合同中有签字注明。因此，该代理行为符合委托人孙大光的真实意思表示，被告孙大海的代理行为合法有效，合同从签字之日起，在孙大光与第三人之间已形成特定的权利、义务主体。

2007 年 3 月 1 日委托人孙大光突然病故，根据《民法通则》第 70 条第 2 款的规定，代理人孙大海的代理权依法终止，被告从此时起不能再以孙大光的名义从事代理活动，也不能以自己名义代理孙大光从事其他民事活动，否则，违反法律规定，一切代理行为均无效。2007 年 4 月被告孙大海以儿子孙大光已死亡为由，要求本案第三人将孙大光购买的房屋产权办理在自己名下，而被告孙大海此时已无权代理孙大光从事民事活动，也无权擅自处分孙大光名下任何财产，被告的这一要求违反了法律相关规定。同时，第三人颐然小区项目部从被告孙大海提出要求时起，已知购房人孙大光死亡，没有通过法定程序也不能处置孙大光名下房产，尽管购房手续是被告代为办理的，但第三人未能遵循法定程序，协助被告孙大海将孙大光名下的房产办理在被告名下，被告与第三人的这一行为损害了孙大光其他法定继承人的合法权益，且该行为也违反了法律规定。根据《民法通则》第58条第1款第6项及第3款的规定，无效的民事法律行为，从行为开始起就没有法律约束力。因此，被告孙大海与本案第三人补签的落款2006年3月26日购买人为"孙大海"的所谓购房合同应为无效，被告孙大海据此通过非法形式取得的所谓房屋所有权证没有合法依据，诉争的房屋应由孙大光名下的法定继承人依照《继承法》的有关规定，通过合法途径予以解决。

因此，原告王小芬的诉讼请求有充足的事实和法律依据，依法应当予以支持。被告的辩解没有法律依据，依法不能成立。关于被告孙大海称购买该房其也有出资，该房产证登记在其名下是名誉权，该房只有三分之一归王小芬、孙大光三个子女，另三分之二是其两个女儿蒋福芝和蒋福萍的，其这两个女儿也有出资。本院认为，原告王小芬认可购买该房所有外欠债务，并愿意偿还，且购房发生的有关债权债务不是本案调整的范围。本案被告孙大海的行为侵犯了原告王小芬的合法权益，其辩解的理由属于无理要求，无任何法律上的依据，故本院对其辩解意见予以驳回。

综上，依据《民法通则》第70条第2款、第58条第1款第6项、第2款、第61条、《民事诉讼法》第130条之规定，判决：2006年3月15日由被告孙大海代理孙大光与第三人光山县城镇建设开发公司颐然小区项目部签订的署名为孙大光的《颐然小区售房合同书》合法有效；被告孙大海与第三人光山县城镇建设开发公司颐然小区项目经理部补签的署名为孙大海、落款为2006年3月26日的《颐然小区售房合同书》无效。

孙大海上诉称，原审法院采信事实不妥，使用法律不当，判决不公，原判混淆了"代理"与"赠予"概念，依代理行为判决归属及继承错误。应当理清债权债务，谁出资谁得房。请求中院撤销原判。

二审法院认为，公民的合法权益应受法律保护。上诉人孙大海受其儿子孙大光夫妇口头委托代购房屋，并以孙大光的名义与原审第三人签订了购房合同，该代理行为是委托人孙大光夫妇的真实意思表示，合法有效。从签字之日起，孙大光与原审第三人之间已形成特定的权利义务关系。孙大光病故后，上诉人孙大海在未征得被上诉人（一审原告、其儿媳）王小芬同意的情况下，私自要求原审第三人将房屋产权办理在自己名下，并为方便办理产权登记，补签了一份购买人是"孙大海"的购房合同，严重侵犯了被上诉人王小芬及其子女的合法权益。原审判决上诉人孙大海为办理房屋产权，补签更改购房人为"孙大海"的购房合同无效是正确的。上诉人的上诉理由不能成立，本院不予支持。依照《中华人民共和国民事诉讼法》第153条第1款1项之规定，判决如下：驳回上诉，维持原判。

20 借用他人身份买房，是否会影响房屋登记？

典型事例

李大成、苏宜娜系夫妻关系，苏宜娜与王晓亮曾系同事关系。

1999 年 9 月，李大成购买河南省第二轻工业供销公司房屋一套，在办理房屋所有权证书的过程中，李大成、苏宜娜借用了王晓亮的身份证，将位于郑州市管城回族区陇海东路 313 号 3 号楼 1 单元 14 号房屋的所有权证书和土地使用证书均办理在王晓亮名下。后李大成、苏宜娜要求王晓亮协助办理过户手续，王晓亮予以拒绝，双方发生纠纷。2008 年 8 月李大成、苏宜娜将王晓亮诉至法院。经一审法院主持调解，双方当事人达成调解协议，一审法院作出 (2008) 中民一初字第 2727 号民事调解书，内容为：李大成、苏宜娜表示歉意，李大成、苏宜娜向王晓亮支付 20000 元表示慰藉；位于郑州市管城回族区陇海东路 313 号 3 号楼 1 单元 14 号的房屋所有权实际归李大成、苏宜娜二人共有；在 2008 年 12 月 20 日前，李大成、苏宜娜申请办理更正登记手续，王晓亮予以协助；李大成、苏宜娜依法办理更正登记手续后，向王晓亮支付本协议第一项约定的 20000 元抚慰金，双方今后不得因借用王晓亮身份证办理该房屋产权登记再发生任何争议。调解协议达成后，在办理房屋产权证书变更时，王晓亮没有配合，李大成、苏宜娜申请法院强制执行，郑州市房地产管理局仍然按照房屋买卖过户的规定收取了李大成、苏宜娜契税 5467 元和其他费用。李大成、苏宜娜持变更后的房产证到郑州市国土资源局办理土地证变更时，因王晓亮不到场协助，郑州市国土资源局拒绝办理变更手续。李大成、苏宜娜要求王晓亮予以协助，王晓亮拒不协助，故李大成、苏宜娜再次诉至法院，要求解决。

法律分析

一审法院认为，李大成、苏宜娜自己买房，却借用王晓亮的身份证办理了房屋登记的所有手续，引起了双方的纠纷，李大成、苏宜娜本身有过错。但经一审法院主持调解，双方已达成一致协议，王晓亮同意协助李大成、苏宜娜办理房屋登记更正手续，李大成、苏宜娜给付王晓亮 20000 元现金表示慰藉。根据调解协议，李大成、苏宜娜已将房产证变更到自己的名下，但办理土地证过户仍然需要王晓亮的协助，这也是王晓亮的一项附随义务。但王晓亮没有全面履行自己的义务，应承担违约责任。李大成、苏宜娜要求王晓亮履行协助义务，依法有据，一审法院予以支持。根据《合同法》第 60 条："当事人应当按照约定全面履行自己的义务。当事人应当遵循诚实信用原则，根据合同的性质、目的和交易习惯履行通知、协助、保密等义务。"第 107："当事人一方不履行合同义务或者履行合同义务不符合约定的，应当承担继续履行、采取补救措施或者赔偿损失等违约责任。"《民事诉讼法》第 64 条第 1 款之规定，一审法院判决：位于郑州市管城回族区陇海东路 313 号 3 号楼 1 单元 14 号房屋土地使用权归李大成、苏宜娜所有［国有土地使用权证号：郑国用（2003）第 GC6453 号］，王晓亮于判决生效后 5 日内，协助李大成、苏宜娜办理国有土地使用权变更登记手续。

宣判后，王晓亮不服一审法院判决，向法院提起上诉称：①郑国用（2003）第 GC6453 号土地证是发生法律效力的以政府名义颁发的不动产权利证书，其合法的使用权人是王晓亮，而不是李大成、苏宜娜。而将该土地证办理到王晓亮的名下是李大成、苏宜娜自愿的行为，在《物权法》颁布之后，这二人从未提出过异议，其应当对自己的行为负责。②在（2008）中民一初字第 2727 号民事调解书中，对双方的权利和义务进行了明确的约定，即李大成、苏宜娜申请办理更正登记，王晓亮予以协助。但李大成、苏宜娜没有严格按照调解书履行，将更正登记变为变更登记，并得到执行。一审判决将王晓亮协助办理房产证登记的义务，扩大解释到办理土地证变更中，并认定是王晓亮的随附义务，没有任何依据。③一审判决适用法律错误，判决王晓亮承担违约责任，显失公正。请求二审法院依法改判。

被上诉人李大成、苏宜娜共同答辩称：①涉案房产的房屋所有权证及土地使用权证之所以登记在王晓亮的名下，是因为李大成、苏宜娜借用王晓亮名义购买房产的事实存在，但真正所有权人是李大成、苏宜娜而不是王晓亮，这一事实双方当事人均不持异议，正是因为这样双方才达成调解协议，约定对涉案房产的权属予以更正，而房产管理部门在具体执行时有自己的工作流程。②一审判决适用法律正确。根据之前双方所达成的调解协议，在李大成、苏宜娜办理了房屋所有权变更登记后，根据《物权法》的相关规定，该房屋占用范围内的土地使用权应一并转归李大成、苏宜娜所有。现土地使用证的变更登记仍需要王晓亮的配合，一审判决由其协助并无不妥。请求驳回上诉，维持原判。

二审法院认为：本案系因虚假登记而引发的不动产登记纠纷，一审判决将其定性为房屋买卖纠纷不当，本院予以纠正。双方对涉案房产实际归属李大成、苏宜娜所有不存争议，造成相关权利证书办理在王晓亮名下，是因双方合意借用王晓亮的身份证进行虚假登记所致。在双方因产权过户发生纠纷中，王晓亮与李大成、苏宜娜对房屋所有权的权利主体变更达成调解协议，并已实际履行，相应的该房屋占用范围的土地使用权证的权利主体亦应进行变更。而依照土地登记部门的变更程序，仍需要原权利人的协助，王晓亮有责任配合。综上，一审判决认定事实清楚，适用法律正确，实体处理得当，应予维持。依照《中华人民共和国民事诉讼法》第153条第1款第1项之规定，判决如下：驳回上诉，维持原判。

第三篇

不动产登记条例及答记者问

1. 不动产登记暂行条例

第一章　总则

第一条　为整合不动产登记职责，规范登记行为，方便群众申请登记，保护权利人合法权益，根据《中华人民共和国物权法》等法律，制定本条例。

第二条　本条例所称不动产登记，是指不动产登记机构依法将不动产权利归属和其他法定事项记载于不动产登记簿的行为。

本条例所称不动产，是指土地、海域以及房屋、林木等定着物。

第三条　不动产首次登记、变更登记、转移登记、注销登记、更正登记、异议登记、预告登记、查封登记等，适用本条例。

第四条　国家实行不动产统一登记制度。

不动产登记遵循严格管理、稳定连续、方便群众的原则。

不动产权利人已经依法享有的不动产权利，不因登记机构和登记程序的改变而受到影响。

第五条　下列不动产权利，依照本条例的规定办理登记：

（一）集体土地所有权；

（二）房屋等建筑物、构筑物所有权；

（三）森林、林木所有权；

（四）耕地、林地、草地等土地承包经营权；

（五）建设用地使用权；

（六）宅基地使用权；

（七）海域使用权；

（八）地役权；

（九）抵押权；

（十）法律规定需要登记的其他不动产权利。

第六条　国务院国土资源主管部门负责指导、监督全国不动产登记工作。

县级以上地方人民政府应当确定一个部门为本行政区域的不动产登记机构，负责不动产登记工作，并接受上级人民政府不动产登记主管部门的指导、监督。

第七条　不动产登记由不动产所在地的县级人民政府不动产登记机构办理；直辖市、设区的市人民政府可以确定本级不动产登记机构统一办理所属各区的不动产登记。

跨县级行政区域的不动产登记，由所跨县级行政区域的不动产登记机构分别办理。不能分别办理的，由所跨县级行政区域的不动产登记机构协商办理；协商不成的，由共同的上一级人民政府不动产登记主管部门指定办理。

国务院确定的重点国有林区的森林、林木和林地，国务院批准项目用海、用岛，中央国家机关使用的国有土地等不动产登记，由国务院国土资源主管部门会同有关部门规定。

第二章　不动产登记簿

第八条　不动产以不动产单元为基本单位进行登记。不动产单元具有唯一编码。

不动产登记机构应当按照国务院国土资源主管部门的规定设立统一的不动产登记簿。

不动产登记簿应当记载以下事项：

（一）不动产的坐落、界址、空间界限、面积、用途等自然状况；

（二）不动产权利的主体、类型、内容、来源、期限、权利变化等权属状况；

（三）涉及不动产权利限制、提示的事项；

（四）其他相关事项。

第九条　不动产登记簿应当采用电子介质，暂不具备条件的，可以采用纸质介质。不动产登记机构应当明确不动产登记簿唯一、合法的介质形式。

不动产登记簿采用电子介质的，应当定期进行异地备份，并具有唯一、确定的纸质转化形式。

第十条　不动产登记机构应当依法将各类登记事项准确、完整、清晰地记载于不动产登记簿。任何人不得损毁不动产登记簿，除依法予以更正外不得修改登记事项。

第十一条　不动产登记工作人员应当具备与不动产登记工作相适应的专业知识和业务能力。

不动产登记机构应当加强对不动产登记工作人员的管理和专业技术培训。

第十二条　不动产登记机构应当指定专人负责不动产登记簿的保管，并建立健全相应的安全责任制度。

采用纸质介质不动产登记簿的，应当配备必要的防盗、防火、防渍、防有害生物等安全保护设施。

采用电子介质不动产登记簿的，应当配备专门的存储设施，并采取信息网络安全防护措施。

第十三条　不动产登记簿由不动产登记机构永久保存。不动产登记簿损毁、灭失的，不动产登记机构应当依据原有登记资料予以重建。

行政区域变更或者不动产登记机构职能调整的，应当及时将不动产登记簿移交相应的不动产登记机构。

第三章　登记程序

第十四条　因买卖、设定抵押权等申请不动产登记的，应当由当事人双方共同申请。

属于下列情形之一的，可以由当事人单方申请：

（一）尚未登记的不动产首次申请登记的；

（二）继承、接受遗赠取得不动产权利的；

（三）人民法院、仲裁委员会生效的法律文书或者人民政府生效的决定等设立、变更、转让、消灭不动产权利的；

（四）权利人姓名、名称或者自然状况发生变化，申请变更登记的；

（五）不动产灭失或者权利人放弃不动产权利，申请注销登记的；

（六）申请更正登记或者异议登记的；

（七）法律、行政法规规定可以由当事人单方申请的其他情形。

第十五条　当事人或者其代理人应当到不动产登记机构办公场所申请不动产登记。

不动产登记机构将申请登记事项记载于不动产登记簿前，申请人可以撤回登记申请。

第十六条　申请人应当提交下列材料，并对申请材料的真实性负责：

（一）登记申请书；

（二）申请人、代理人身份证明材料、授权委托书；

（三）相关的不动产权属来源证明材料、登记原因证明文件、不动产权属证书；

（四）不动产界址、空间界限、面积等材料；

（五）与他人利害关系的说明材料；

（六）法律、行政法规以及本条例实施细则规定的其他材料。

不动产登记机构应当在办公场所和门户网站公开申请登记所需材料目录和示范文本等信息。

第十七条　不动产登记机构收到不动产登记申请材料，应当分别按照下列情况办理：

（一）属于登记职责范围，申请材料齐全、符合法定形式，或者申请人按照要求提交全部补正申请材料的，应当受理并书面告知申请人；

（二）申请材料存在可以当场更正的错误的，应当告知申请人当场更正，申请人当场更正后，应当受理并书面告知申请人；

（三）申请材料不齐全或者不符合法定形式的，应当当场书面告知申请人不予受理并一次性告知需要补正的全部内容；

（四）申请登记的不动产不属于本机构登记范围的，应当当场书面告知申请人不予受理并告知申请人向有登记权的机构申请。

不动产登记机构未当场书面告知申请人不予受理的，视为受理。

第十八条　不动产登记机构受理不动产登记申请的，应当按照下列要求进行查验：

（一）不动产界址、空间界限、面积等材料与申请登记的不动产状况是否一致；

（二）有关证明材料、文件与申请登记的内容是否一致；

（三）登记申请是否违反法律、行政法规规定。

第十九条　属于下列情形之一的，不动产登记机构可以对申请登记的不动产进行实地查看：

（一）房屋等建筑物、构筑物所有权首次登记；

（二）在建建筑物抵押权登记；

（三）因不动产灭失导致的注销登记；

（四）不动产登记机构认为需要实地查看的其他情形。

对可能存在权属争议，或者可能涉及他人利害关系的登记申请，不动产登记机构可以向申请人、利害关系人或者有关单位进行调查。

不动产登记机构进行实地查看或者调查时，申请人、被调查人应当予以配合。

第二十条 不动产登记机构应当自受理登记申请之日起 30 个工作日内办结不动产登记手续，法律另有规定的除外。

第二十一条 登记事项自记载于不动产登记簿时完成登记。

不动产登记机构完成登记，应当依法向申请人核发不动产权属证书或者登记证明。

第二十二条 登记申请有下列情形之一的，不动产登记机构应当不予登记，并书面告知申请人：

（一）违反法律、行政法规规定的；

（二）存在尚未解决的权属争议的；

（三）申请登记的不动产权利超过规定期限的；

（四）法律、行政法规规定不予登记的其他情形。

第四章 登记信息共享与保护

第二十三条 国务院国土资源主管部门应当会同有关部门建立统一的不动产登记信息管理基础平台。

各级不动产登记机构登记的信息应当纳入统一的不动产登记信息管理基础平台，确保国家、省、市、县四级登记信息的实时共享。

第二十四条　不动产登记有关信息与住房城乡建设、农业、林业、海洋等部门审批信息、交易信息等应当实时互通共享。

不动产登记机构能够通过实时互通共享取得的信息，不得要求不动产登记申请人重复提交。

第二十五条　国土资源、公安、民政、财政、税务、工商、金融、审计、统计等部门应当加强不动产登记有关信息互通共享。

第二十六条　不动产登记机构、不动产登记信息共享单位及其工作人员应当对不动产登记信息保密；涉及国家秘密的不动产登记信息，应当依法采取必要的安全保密措施。

第二十七条　权利人、利害关系人可以依法查询、复制不动产登记资料，不动产登记机构应当提供。

有关国家机关可以依照法律、行政法规的规定查询、复制与调查处理事项有关的不动产登记资料。

第二十八条　查询不动产登记资料的单位、个人应当向不动产登记机构说明查询目的，不得将查询获得的不动产登记资料用于其他目的；未经权利人同意，不得泄露查询获得的不动产登记资料。

第五章　法律责任

第二十九条　不动产登记机构登记错误给他人造成损害，或者当事人提供虚假材料申请登记给他人造成损害的，依照《中华人民共和国物权法》的规定承担赔偿责任。

第三十条　不动产登记机构工作人员进行虚假登记，损毁、伪造不动产登记簿，擅自修改登记事项，或者有其他滥用职权、玩忽职守行为的，依法给予处分；给他人造成损害的，依法承担赔偿责任；构成犯罪的，依法追究刑事责任。

第三十一条　伪造、变造不动产权属证书、不动产登记证明，或者买卖、使用伪造、变造的不动产权属证书、不动产登记证明的，由不动产登记机构或者公安机关依法予以收缴；有违法所得的，没收违法所得；给他人造成损害的，依法承担赔偿责任；构成违反治安管理行为的，依法给予治安管理处罚；构成犯罪的，依法追究刑事责任。

第三十二条 不动产登记机构、不动产登记信息共享单位及其工作人员，查询不动产登记资料的单位或者个人违反国家规定，泄露不动产登记资料、登记信息，或者利用不动产登记资料、登记信息进行不正当活动，给他人造成损害的，依法承担赔偿责任；对有关责任人员依法给予处分；有关责任人员构成犯罪的，依法追究刑事责任。

第六章 附则

第三十三条 本条例施行前依法颁发的各类不动产权属证书和制作的不动产登记簿继续有效。

不动产统一登记过渡期内，农村土地承包经营权的登记按照国家有关规定执行。

第三十四条 本条例实施细则由国务院国土资源主管部门会同有关部门制定。

第三十五条 本条例自 2015 年 3 月 1 日起施行。本条例施行前公布的行政法规有关不动产登记的规定与本条例规定不一致的，以本条例规定为准。

2. 国务院法制办、国土资源部负责人就《不动产登记暂行条例》答记者问

2014 年 11 月 24 日，国务院总理李克强签署国务院令，公布《不动产登记暂行条例》，自 2015 年 3 月 1 日起施行。日前，国务院法制办、国土资源部负责人就《不动产登记暂行条例》的有关问题回答了记者提问。

问：为什么要制定出台《不动产登记暂行条例》？

答：整合不动产登记职责、建立不动产统一登记制度，是国务院机构改革和职能转变方案的重要内容，也是完善社会主义市场经济体制、建设现代市场体系的必然要求，对于保护不动产权利人合法财产权、提高政府治理效率和水平，尤其是方便企业、方便群众，具有重要意义。根据《物权法》第 10 条规定，不动产实行统一登记，并授权行政法规对统一登记的范围、登记机构和登记办法作出规定。制定出台条例，通过立法规范登记行为、明确登记程序、界定查询权限，整合土地、房屋、林地、草原、海域等登记职责，实现不动产登记机构、登记簿册、登记依据和信息平台"四统一"。

问：制定条例把握的基本原则是什么？

答：为贯彻落实《国务院机构改革和职能转变方案》有关要求，条例主要遵循四条原则：一是统一规范，明确一个部门负责

登记，并对机构设置、簿册管理、基本程序、信息共享与保护提出统一要求；二是严格管理，重点规范登记行为，强化政府责任，提高登记质量，增强不动产登记的严肃性、权威性和公信力；三是物权稳定，明确已经发放的权属证书继续有效，已经依法享有的不动产权利不因登记机构和程序的改变而受到影响；四是简明扼要，主要围绕实现"四统一"作出原则规定，对一些操作性规定，在今后的配套实施细则和技术规程中予以细化。

问： 条例如何落实关于统一登记机构的要求？

答： 为将分散的登记职责整合到一个部门，条例规定：一是明确由国土资源部负责指导、监督全国不动产登记工作，同时要求县级以上地方人民政府确定一个部门负责本行政区域不动产登记工作，并接受上级不动产登记主管部门的指导和监督；二是规定不动产登记原则上由不动产所在地的县级人民政府不动产登记机构办理，直辖市、设区的市人民政府可以确定本级登记机构统一办理所属各区的登记；三是规定跨县级行政区域的不动产登记，由所跨县级行政区域的登记机构分别办理、协商办理，或者由共同的上一级人民政府不动产登记主管部门指定办理。

问： 条例对不动产登记簿作出哪些规定？

答： 不动产登记簿是不动产权利的载体，登记内容、登记形式、介质保管等与权利人密切相关，条例规定：一是明确登记内容，要求登记机构设立统一的不动产登记簿，将不动产的自然状况、权属状况、权利限制状况等事项准确、完整、清晰地予以记载；二是规范登记形式，要求登记簿原则上要采用电子介质，暂不具备条件的，可以采用纸质介质，登记机构要明确唯一、合法的介质形式；三是细化保管责任，要求登记机构建立健全相应的安全责任制度，永久保存登记簿；纸质登记簿要配备防盗、防火、防渍、防有害生物等安全保护设施；电子登记簿要配备专门的存储设施，采取信息网络安全防护措施，并定期进行异地备份；任何人不得损毁登记簿，除依法予以更正外不得修改登记事项；登记簿损毁、灭失的，要依据原有登记资料予以重建。

问：在登记程序方面如何体现方便群众原则？

答：方便群众申请登记，保护权利人合法权益，是条例的立法目的，为此，条例规定：一是稳定申请人预期，对申请人、申请材料、初审受理、查验要求、实地查看、办理期限等均作出明确规定；二是尊重申请人意思自治，规定登记机构将申请登记事项记载于登记簿前，申请人可以撤回登记申请；三是简化申请程序，强调当场审查的原则，要求登记机构受理后书面告知申请人，对不符合法定条件不予受理的，以及不属于本机构登记范围的，也要书面告知申请人，并一次性告知需补正内容或者申请途径；未当场书面告知申请人不予受理的，视为受理；登记机构原则上要自受理登记申请之日起 30 个工作日内办结登记手续，完成登记后依法核发权属证书或登记证明；四是减轻申请负担，规定登记机构能够通过实时互通共享取得的信息，不得要求申请人重复提交。

问：条例规定了哪些内容，以实现登记信息共享与保护？

答：关于登记信息共享，条例主要规定：一是建立信息管理基础平台，要求国土资源部会同有关部门建立统一的不动产登记信息管理基础平台，登记信息要纳入该平台，确保国家、省、市、县四级登记信息的实时共享；二是加强登记部门与管理部门的信息共享，要求登记信息与住房城乡建设、农业、林业、海洋等部门的审批信息、交易信息等实时互通共享；三是加强其他部门之间的信息共享，要求国土资源、公安、民政、财政、税务、工商、金融、审计、统计等部门加强不动产登记有关信息互通共享。

关于登记资料查询，条例主要规定：一是查询主体，按照物权法的有关规定，把登记资料查询人限定在权利人和利害关系人，有关国家机关可以依法查询、复制与调查处理事项有关的登记资料；二是查询资料的使用，规定查询登记资料的要向登记机构说明查询目的，不得将查询获得的资料用于其他目的，未经权利人同意，不得泄露查询资料。

问： 条例主要规定了哪些法律责任？

答： 为督促登记机构依法履行职责，条例规定了严格的法律责任：一是登记错误责任，规定登记机构登记错误给他人造成损害，要依法承担赔偿责任；二是不当履职责任，规定登记人员有虚假登记，损毁、伪造登记簿，擅自修改登记事项等滥用职权、玩忽职守行为的，依法给予处分；给他人造成损害的，依法承担赔偿责任；构成犯罪的，依法追究刑事责任；三是安全保密责任，规定登记机构、信息共享单位及其工作人员要对登记信息保密，涉及国家秘密的要依法采取必要的安全保密措施，违反规定泄露登记资料、信息，或者利用登记资料、信息进行不正当活动，给他人造成损害的，依法承担赔偿责任；对有关责任人员依法给予处分；构成犯罪的，依法追究刑事责任。

此外，条例对当事人提供虚假材料申请登记，伪造、变造、买卖、使用不动产权属证书、登记证明，违法泄露、非法利用查询的登记资料、信息等行为，也规定了相应的法律责任。

图书在版编目（CIP）数据

农村土地流转与不动产登记法律指南：案例应用版/路正著. —北京：中国政法大学出版社，2015.2（2021.1重印）

ISBN 978-7-5620-5928-8

Ⅰ. ①农… Ⅱ. ①路… Ⅲ. ①农村－土地流转－土地－管理法－中国－指南 ②农村－不动产－登记制度－中国－指南 Ⅳ. ①D922.32-62 ②D923.2-62

中国版本图书馆CIP数据核字(2015)第040532号

出 版 者	中国政法大学出版社
地 　 址	北京市海淀区西土城路 25 号
邮寄地址	北京 100088 信箱 8034 分箱　邮编 100088
网 　 址	http://www.cuplpress.com (网络实名：中国政法大学出版社)
电 　 话	010-58908285(总编室) 58908334(邮购部)
承 　 印	保定市中画美凯印刷有限公司
开 　 本	880mm×1230mm　1/32
印 　 张	7.25
字 　 数	180 千字
版 　 次	2015 年 2 月第 1 版
印 　 次	2021 年 1 月第 3 次印刷
定 　 价	16.00 元